Russland
Mongolei
ar
Harbin
Changchun
Fushun
Shenyang
Anshan
Nord-
korea
Süd-
korea
Hohhot
Beijing (Peking)
Dalian
Tianjin
Tangshan
Yinchuan
Shijiazhuang
Taiyuan
Jinan
Xining
Lanzhou
Zhengzhou
Xian
Hefei
Nanjing
Shanghai
Chengdu
Wuhan
Hangzhou
Chongqing
Nanchang
Changsha
Fuzhou
Taipei
Guiyang
Dongzhou
Taiwan
Kunming
Guangzhou (Kanton)
Nanning
Macau
Hongkong
nmar
na)
Zhanjiang
Laos
Haikou
Vietnam
Philippinen
Thailand

Kurt Seinitz

# VORSICHT CHINA!

Kurt Seinitz

# VORSICHT CHINA!

## Wie das Reich der Mitte unser Leben verändert

ecowin

Kurt Seinitz
Vorsicht China!
Wie das Reich der Mitte unser Leben verändert
Salzburg: ecowin Verlag der TopAkademie GmbH, 2006
ISBN-13: 978-3-902404-28-2
ISBN-10: 3-902404-28-0

**Unsere Web-Adressen:**
http://www.ecowin.at
http://www.topakademie.com


Umschlag: www.adwerba.at

Gesamtherstellung: Druckerei Theiss GmbH, A-9431 St. Stefan, www.theiss.at
Printed in Austria

# Einleitung

Wussten Sie,

dass China mit 1,3 Milliarden Einwohnern 20 Prozent der Bevölkerung der Welt aufweist, aber nur 8 Prozent der landwirtschaftlichen Nutzfläche der Welt? Erst mit steigendem Lebensstandard setzten in den Achtzigerjahren Importe ein; seit 2003 ist China Netto-Importeur. China wird bald der größte Agrarimporteur der Welt sein.

dass es in China 80.000 Shopping-Center gibt – fünfzehn Jahre nach dem ersten?

dass 150 Millionen Wanderarbeiter das neue China mit seinen 150 Millionenstädten aufbauen – für Arbeit um jeden Preis?

dass weitere 300 Millionen Chinesen ihr Glück in den Städten suchen werden?

dass Chongqing im Inneren Chinas der größte städtische Ballungsraum der Welt ist mit 34 Millionen Einwohnern – und funktioniert?

dass in der Stadt Datang jährlich 9 Milliarden Paar Socken erzeugt werden – für 6 Milliarden Erdenbürger?

dass in der Stadt Wenzhou 80 Prozent aller Feuerzeuge der Welt erzeugt werden?

dass im letzten Jahr 300 Milliarden SMS-Texte über 400 Millionen Mobiltelefone versandt wurden – monatlich plus 4 Millionen Kunden?

dass 27 Prozent der Ex- und Importe High-Tech-Produkte sind – auch auf diesem Gebiet schon mit Exportüberschuss?

dass die Hälfte des riesigen Handelsbilanzdefizits der USA gegenüber China von US-Firmen stammt, die in China produzieren lassen?

dass in China 680 Menschen bei Autounfällen sterben – täglich (USA: 115)?

dass in China mehr Menschen Englisch als Zweitsprache sprechen als in den USA als Muttersprache?

dass im Jahre 2007 Chinesisch das Englische als vorherrschende Computersprache überrundet?

dass 900.000 Taiwanesen auf dem Festland leben, deren 40.000 Betriebe direkt oder indirekt 6 Millionen Chinesen Arbeitsplätze bieten – und damit einen Beitrag zur Stabilität in China leisten? China ist Taiwans größter Kunde.

dass China schon der größte IT-Hardware-Exporteur in die USA ist? Davon stammen 60 Prozent aus taiwanesischen Betrieben, die auf dem Festland produzieren.

dass in China das Lohnniveau ein Dreißigstel des unseren beträgt – steigend?

dass kein Land mehr Studenten ins Ausland schickt – 600.000 bisher? In den USA stellen Chinesen das größte Kontingent an ausländischen Studenten.

# Inhaltsverzeichnis

## Umschreibung der chinesischen Laute:

Es wurde die in der Volksrepublik China übliche „Pinyin"-Umschrift gewählt.

Grundlage ist die englische Aussprache mit Abweichungen wie:

„q" klingt ähnlich wie „tsh"
„x" klingt ähnlich wie „chsh"
„c" klingt ähnlich wie „ts"
„zh" klingt ähnlich wie „dsch"
„u" klingt nach y, j, q, x wie „ü"

ferner:

„Beijing" für „Peking"
„Guangzhou" für „Kanton"

Die ethnische Bezeichnung der Chinesen lautet „Han". Daneben gibt es in China 55 Minderheitenvölker mit zusammen 8,4 Prozent (das sind 110 Millionen) der Gesamtbevölkerung.

Die offizielle Sprache heißt „Putonghua" und unterscheidet sich stark von anderen Idiomen in Südchina und Taiwan.

Die Schriftzeichen sind seit Mao vereinfacht, während in Hongkong, Taiwan, Singapur und unter Auslandschinesen die alten Schriftzeichen gebräuchlich sind.

# Vorwort

*„China ist ein schlafender Riese. Lasst ihn schlafen, denn wenn er erwacht, wird er die Welt in Staunen versetzen."*

Napoleon auf Sankt Helena,
aus den Aufzeichnungen seines Leibarztes O'Meara.

*„Wacht auf!"*

Sun Yat-sen, Gründer der chinesischen Republik, 1912

Der Riese erhebt sich und entfaltet seine Kräfte. In der Welt erheben sich besorgte Stimmen. Eine Weltmacht kehrt zurück. Was hat China mit seiner neu gewonnenen Macht vor? In das Staunen mischt sich Unbehagen. China hat sich wie kein anderes Land die Globalisierung zunutze gemacht. Der Globalisierungsdruck verändert unser Leben. China stürmt auf die Weltbühne und fordert die USA zum globalen Duell. Asiens Aufstieg verändert die Welt. Das „asiatische Jahrhundert" signalisiert eine Epochenwende.

Wird China die neue Supermacht, oder ist es ein Riese auf tönernen Füßen? In der größten Diktatur der Welt häuft sich sozialer und politischer Sprengstoff. Was ist gefährlicher für die Welt: Ein wirtschaftlich übererfolgreiches China mit Großmachtehrgeiz, oder ein politisch gescheitertes China, das in chaotische Turbulenzen fällt? Ein China, dessen Wirtschaftswachstum die Weltkonjunktur am Leben hält, oder ein China, dessen Umweltverseuchung die Welt bedroht? Bleibt China wirklich der Sieger im globalen Standortwettbewerb der Weltwirtschaft?

Der Riese entfaltet junge, überschäumende Kräfte, die er oft noch nicht zu zügeln weiß. Doch er folgt auch alten, rätselhaften Traditionen. Die Welt ist jedenfalls mit einem China-Faktor konfrontiert, der Vorsicht geboten erscheinen lässt. Dieses Buch soll aufzeigen, weshalb sich China so verhält, wie es sich verhält. Dieses Buch ist ein Reise- und Erfahrungsbericht über drei Jahrzehnte aus dem Reich der Mitte und der Welt des neuen Asien.

# I. Höher! Schneller! Stärker!

# A) Asiens Sprung in die Zukunft

Der Computer, auf welchem dieses Buch geschrieben wurde: made in China. Die elektronische Banküberweisung: made in India über die Banken-Terminals in Bangalore. Der Preis an der Tankstelle: made in Asia durch den Erdöldurst des aufstrebenden Kontinents.

Haben wir die ganze Tragweite dieser Entwicklung und ihre Folgen wirklich schon voll erfasst? Asien ist erwacht.

Erst waren es die südostasiatischen „Tiger"-Staaten, die in der Weltwirtschaft auf sich aufmerksam machten. Heute sind es die Schwergewichte China und Indien, die voll durchstarten. Nicht die Textilinvasion aus China ist heute die wirklich entscheidende Herausforderung mehr. Es sind dies der „Life Science Park" in Beijing oder „Biopolis", der biomedizinische Campus in Singapur, wo das Weltzentrum der Pharmaindustrie entstehen soll; ergänzt durch „Life Xchange" und „One-North" (bedeutet: einen Grad nördlich des Äquators) für Gentechnik- und Klonproduktion. Oder es ist dies die neue Hybrid-Technologie aus Japan, welche die Autos der Zukunft zu liefern begonnen hat.

Werden wir von Asien abgehängt? Wächst uns China über den Kopf? Dort haben sie wirtschaftliche Zuwachsraten, von denen wir bei uns heute nur noch träumen können, und Hunderte Millionen Asiaten sind hungrig auf unsere Jobs.

Freilich: Wer Armut sucht, wird in den asiatischen Wirtschaftswunderländern auch heute noch Armut finden. Es geht aber um die unheimliche Dynamik der Aufholjagd. Staaten wie Südkorea, Taiwan, Malaysia liegen jedenfalls schon jetzt über dem Niveau mehrerer EU-Staaten; ganz zu schweigen von Asiens ältestem Wirtschafts-„Tiger": Japan. Hongkong und Singapur haben ihre ehemalige Kolonialmacht Großbritannien überflügelt.

Die neue Epoche ist nicht nur am äußeren Erscheinungsbild des asiatischen Kontinents zu erkennen, die Veränderung spielt sich vor allem in den Köpfen der Menschen ab. Plötzlich ist ihnen der Knopf aufgegangen. Die Generation von Gummisandalen-Soldaten gebar Astronauten, die Generation von Analphabeten gebar Champions einer lernbesessenen Wissensgesellschaft. „Ich habe während der Kulturrevolution nachts unter der Bettdecke mit der Taschenlampe Fachbücher aus dem Westen gelesen", erinnert sich heute in Shanghai ein Erfolgsmanager.

Aus Wissen erwächst (Wirtschafts-)Macht. Wenn die chinesische Zentralbank mit ihren bald größten Devisenreserven der Welt hustet, bekommt der US-Dollar eine Lungenentzündung, denn die USA können sich ihr horrendes Handelsbilanz- und Budgetdefizit nur solange leisten, solange China US-Schuldscheine kauft. Die Zentralbank hält schon 260 Milliarden Dollar US-Anleihen. Falls China nur ein Zehntel davon zum Verkauf auf den Börsenmarkt würfe, würde ein finanzielles Erdbeben die USA und die Weltwirtschaft erschüttern.

„Anschnallen und tief Luft holen", empfiehlt im US-Kongress, wo sich Sinophobie breit macht, ein Senator seinen Landsleuten, „sie stehlen unsere Jobs, schlucken uns das Erdöl weg und bedrohen unsere Demokratie." Im Heimatstaat des Senators ging gerade die Schuhindustrie Pleite. Ähnlich Japan: Das Nissan-Autowerk musste Produktionspausen einlegen, weil China auf dem Weltmarkt den ganzen Spezialstahl aufgekauft hatte. Der Vize-Chef von Shanghais „Autocity", Zhu Ningning, steigert sich in ehrgeizige Rekordfantasien: „Wir bauen in 3 Jahren, wozu Detroit 100 Jahre benötigte."

Was ist die Antriebskraft eines solchen Aufbruchs, des Sprungs in die Zukunft? Was geht in den Köpfen der Menschen vor? Was ist geschehen, dass ein Staat, der früher Inbegriff von Hunger und

Elend war, plötzlich auf der Überholspur Gas gibt? Sie sind ja regelrecht modernisierungswütig geworden.

Asiens Jugendliche unterscheiden sich heute kaum noch von ihren Altersgenossen im Westen. (Westliche Ernährungsweise macht sie auch größer.) Sie eifern dem globalen Lebensstil, dem American way of life nach. Doch sollten wir uns ja nicht täuschen lassen: Ihre asiatische Seele wollen sie nicht verlieren. Sie wollen dem Westen ein asiatisches Zukunftsmodell entgegenstellen.

Das Wort „Zukunftsangst“ ist hier fremd (trotz enormer Umweltzerstörung und rätselhaften Epidemien). Optimismus ist angesagt, denn China und seine asiatischen Nachbarn sind der große Gewinner der Globalisierung. Singapur war der Pionier gewesen, der die Chancen erkannt und verstanden hatte, die Globalisierungsrevolution auf dem Gebiet der Kommunikation, der Verbilligung der Transportwege und des grenzenlosen Lohnkostenwettbewerbs zu nutzen.

Höher und immer höher hinaus: Wenn alle paar Jahre ein neues „höchstes Gebäude der Welt“ fertig gestellt wird, so steht es in Asien. Ebenso hat ein Wettbauen von Autobahnen eingesetzt. Das Weltbild des neuen asiatischen Bürgers weicht maßgeblich von jenem der „alten“ Welt ab: In Asien wird heute über Chancen gesprochen, in Europa über Risiken.

Solche Sorgen würden sich Europas Politiker von heute wünschen: Chinas Führung hat alle Hände voll zu tun, die Konjunkturüberhitzung wegen der Gefahr einer „harten Landung“ zu bremsen. Der Direktor des staatlichen Forschungsinstituts „China Center for Economic Studies“, Zhang Jun, orakelte 2004: „Es ist, als ob die ganze Wirtschaft mit Gas aufgeblasen ist. Irgendwann könnte ein Funke den Ballon zur Explosion bringen.“

Das asiatische Wirtschaftswunder entstand durch die Exporterfolge zur Befriedigung des Konsumhungers unserer (wie lange noch?) Wohlstandsgesellschaft. Dann folgte der Mut, die eigene

Wirtschaft ständig umzustrukturieren (weil die Löhne stiegen), damit auch höherwertige Segmente des Weltmarkts erobert werden können.

Der Schwerpunkt der Welt verlagert sich mit zunehmender Geschwindigkeit nach Asien, wo 2050 auch zwei Drittel der Menschheit leben werden. US-Außenminister John Hay hatte zu Beginn des 20. Jahrhunderts prognostiziert: „Das Mittelmeer ist das Meer der Vergangenheit, der Atlantik das Meer der Gegenwart und der Pazifik das Meer der Zukunft." Pazifik mag zwar stimmen, aber die Prognose griff zu kurz. Das 21. Jahrhundert wird kein zweites US-amerikanisches Jahrhundert, sondern mutmaßlich ein (neues) chinesisches; und wenn es kein chinesisches wird, dann ein asiatisches, und wenn es kein asiatisches wird, dann ein pazifisches. In den hochfunktionellen Metropolen entlang der Küstenregionen des Pazifiks leben 2 Milliarden Menschen, ein Drittel der Menschheit.

Jedenfalls wird die ewige Litanei auf EU-Gipfeltreffen, aus Europa den wettbewerbsfähigsten Wirtschaftsraum der Welt zu machen, wohl ewige Litanei bleiben. Die Asiatische Entwicklungsbank (Asian Development Bank) hat folgende Trends errechnet: Im Jahre 1820 hatte Asien 60 Prozent der Weltwirtschaftsleistung erbracht, davon China die Hälfte, Indien ein Drittel. 1950 war Asien auf 20 Prozent gefallen, davon China ein Fünftel. 2004 stieg Asien auf 40 Prozent, davon China ein Viertel. 2025 würde Asien wieder die historische Größenordnung von 60 Prozent erreicht haben – mit China in Führung. „Die Geschwindigkeit des wirtschaftlichen und sozialen Wandels in Asien ist rasanter und dramatischer als in jeder anderen Epoche oder Region der Welt", schreibt Karl Pilny in *Das asiatische Jahrhundert*.

Der Zufall wollte es, dass auf einem Inlandflug in China neben dem Autor dieses Buches ein Jung-Manager im Wörterbuch Deutsch büffelte. Seine chinesische Firma hatte ihn mit dem Einsatz in Deutschland beauftragt, denn sie übernimmt dort demnächst eine deutsche Firma. Zur gleichen Zeit beklagte die Deutsche Gesellschaft für Asienkunde Kürzungen im Universitätsbereich, die mit dem Argument erfolgt waren, Sinologie sei „zu exotisch“.

2004 schwärmte Formel-1-Zampano Bernie Ecclestone nach dem Mega-Event des ersten Grand Prix von Shanghai: „Ich habe das Gefühl, Asien wird im kommenden Jahrzehnt die Welt regieren. Viele Westler haben noch gar nicht wahrgenommen, was sich hier abspielt.“

Gute Nacht, Europa? Aufwachen!

# B) Wird die Welt chinesisch?

*„Wie lässt sich der Riese, von dem Napoleon gesprochen hat, bändigen, wie lässt sich der Drache zähmen? Die Antwort ist einfach: gar nicht!“*

Prof. Eberhard Sandschneider,
Direktor des Forschungsinstituts der Deutschen Gesellschaft für Auswärtige Politik

Asiens Wirtschaftswunder ist ein chinesisches. Dessen Motor sind auch die 60 Millionen Auslands-Chinesen, darunter die chinesischen Volksgruppen und Minderheiten in der südostasiatischen Nachbarschaft (Spitzname: Bamboo-Network): So zählt Malaysia einen Bevölkerungsanteil von 27 Prozent Chinesen, die 60 Prozent der gesamtstaatlichen Wirtschaftsleistung erbringen; Thailand 10 Prozent mit 70 Prozent; Indonesien 4 Prozent mit 60 Prozent; Vietnam nur noch 1 Prozent und 20 Prozent der Wirtschaftsleistung.

China und der Fleiß der Chinesen schlagen heute alle Rekorde an Dynamik. Es ist ein Aufstieg im Zeitraffer-Tempo, wie ihn die Welt noch nie gesehen hat. Für den Historiker Paul Kennedy ist das Comeback Chinas überhaupt einzigartig, weil erstmals eine ehemalige Weltmacht die Rückkehr zu neuer Weltmachtrolle ansteuert. Frühere Imperien waren ein für alle Mal aus der Weltgeschichte verschwunden.

Die Welt hat den chinesischen Koloss in der Geschichte nie als „normalen“ Faktor wahrgenommen, sondern in emotionellen Extremen. Das Weltbild über das Reich der Mitte schwankte zwischen Schwärmerei und Verachtung. China wurde mal mystifiziert, mal dämonisiert. Heute steigert sich die China-Reflexion von Staunen über Unbehagen und Misstrauen zu Angst: Will China die Welt chinesisch machen?

„Alarmstufe gelb!", ruft eine Schlagzeile, „Wird die Welt chinesisch?", fragt die deutsche Wochenzeitung *Die Zeit*. Die Sorgen über die Gewichtsverschiebung globalen Ausmaßes sind begründet, doch das Schock-Empfinden hätte vermieden werden können, hätte die Welt früher auf den Wirbelsturm reagiert, der sich in Asien zusammenbraute. Der China-Faktor kam nicht über Nacht. Die, die wir seit 30 Jahren China und Asien bereisen, wunderten uns schon die längste Zeit über zuweilen erstaunliche Ignoranz im Westen. Ignoranz ist ein Symptom erstarrter Zivilisationen – siehe altes China. 1982 suchte der US-Wirtschaftswissenschaftler Mancur Olson in *The Rise and Decline of Nations* die Ursachen, weshalb sich ein Land plötzlich in einen wirtschaftlichen Dynamo verwandelt, warum Deutschland und Japan nach ihrer Niederlage im Zweiten Weltkrieg ein Wirtschaftswunder erlebten, andere Länder aber in „Beständigkeit ohne Fortschritt" verharren. Eine These Olsons, die Nicholas Kristoff in *China erwacht!* zitiert, lautet: Staaten, deren Wirtschafts- und Gesellschaftsstruktur in etablierten Sonderinteressen gefangen ist, verkalken. Diese Sonderinteressen blockieren schmerzhafte Veränderungen, weil Neuerungen den bisherigen Zustand bedrohen. In manchen Fällen sei ein Krieg notwendig – und dann vor allem eine Niederlage –, damit die tief verwurzelten Strukturen aufgebrochen werden und reiner Tisch für einen Neuanfang geschaffen wird. Im zerstörten Japan und Deutschland lagen nach dem Krieg die Lebensadern bloß, sodass Arbeitskräfte und Kapital einer effizienten Verwendung zufließen konnten – bis allmählich neue Sonderinteressen wirksam wurden. Im Fall des alten China war das gesamte Land infolge Verkalkung fast vollständig paralysiert. Nachfolgende Kriege und Revolutionen, zuletzt Maos verheerende Kulturrevolution, brachen die überkommenen Strukturen vollständig auf: Weg frei für die Kompletterneuerung!

Das renommierte britische wirtschaftspolitische Journal *The Economist* titelte Mitte 2005 „How China runs the World Economy" und kommt zu dem Schluss: „Immer mehr globale Wirtschaftsentscheidungen werden in Beijing und nicht in Washington getroffen. Die Spielregeln werden von Chinas Führung bestimmt." Jeffrey E. Garten, Dean der Yale School of Management, warnt: „Es droht eine regelrechte Abhängigkeit von der Produktionsmacht China." Südkoreas Wirtschafts- und Finanzminister Jin Nyum klagte am 30. Oktober 2001 in der *South China Morningpost,* Hongkong: „China hat sich in die Werkstatt der Welt verwandelt, die alles an Produktionskapazität aufsaugt wie ein schwarzes Loch." Erste chinesische Firmen gründen schon Zweigniederlassungen in anderen asiatischen Ländern wie Thailand, Myanmar, Bangladesch oder Indonesien, weil sie dort billiger (!) produzieren können. Chinesische (Staats-)Banken errichten durch verlockende Billigkredite in Asien (unter der dortigen einflussreichen chinesischen Business Community) ein Netzwerk von Abnehmern chinesischer Produkte. Der chinesische Renminbi-Yuan wird in Südostasien bald den Dollar als Leitwährung ablösen. Alles zusammen verschafft Einfluss und Geltung. Da kommt Japan nicht mehr mit. Das bullige Vordringen chinesischer Konzerne behindert übrigens in südasiatischen Staaten die dort schon angelaufenen Bemühungen zur Anhebung der sozialen Arbeitnehmerstandards.

Chinas Sturm auf die Weltmärkte hat gerade erst begonnen. Im Jahr 2005 sprang Chinas Wirtschaftswachstum auf 9,9 Prozent, der Handelsbilanzüberschuss verdreifachte sich auf 102 Milliarden Dollar, wichtigster Handelspartner blieb die EU, knapp gefolgt von USA und Japan. Schon jetzt steht der Außenhandelsanteil von Chinas Volkswirtschaft bei rekordverdächtigen 47 Prozent (in USA und EU sowie Japan je 25 Prozent), während er 1981 noch bei 15 Prozent gelegen war. Die Folgen wird jeder von uns spüren, sei es als Konsument, sei es als Arbeitnehmer. Ausreichende neue Jobs entstehen nur noch in China und anderen asiatischen „Tiger"-Staaten.

Ende 2005 leistete sich China einen Kraftakt besonderer Art: Die Regierung bestellte auf einen Schlag 70 der neuesten Boeing-Jets um 4 Milliarden Dollar und 150 der neuesten Airbus-Jets um 10 Milliarden Dollar. Und China gab bekannt, dass es laut OECD die USA als der weltgrößte Exporteur von IT (Informationstechnologie)-Produkten überholt hat (2003 war es Europa, 2004 Japan).

Der China-Faktor schillert in vielen Facetten. Die Licht- und Schattenseiten sind: Billigwarenschwemme; Arbeitsplatzkonkurrenz; größter Devisenhalter der Welt (gemeinsam mit Hongkong); zweitgrößter Empfänger ausländischer Investitionen (1 Milliarde Dollar wöchentlich, kumulierte Gesamtsumme 500 Milliarden, zwei Drittel der Exporte stammen von Unternehmen mit ausländischem Kapital); Seuchenherd der Welt; weltgrößte Diktatur; Hinrichtungsweltmeister; Machtpoker mit Japan; Machtduell mit den USA – „ein Kampf um die Welt von morgen", wie das Nachrichtenmagazin *Der Spiegel* dieses Ringen bezeichnete. Die *Financial Times* war sich schon am 7. Dezember 2004 gewiss, dass „die Weltwirtschaft bereits nach Chinas Pfeife tanzt". Laut jüngster OECD-Studie wird China 2010 die größte Exportnation der Welt sein. Der chinesische Staats- und Parteichef Hu Jintao nahm auf dem G-8-Gipfel 2003 erstmals die Rolle des Dialogpartners ein. Ohne die konstruktive Mitwirkung Chinas ist keine globale Herausforderung mehr zu bewältigen – vom vorbeugenden Seuchenschutz, der Umwelt- und Klimapolitik bis zur Bekämpfung des internationalen Terrorismus. „Geburt einer Weltmacht" titelte der deutsche *Spiegel* im Oktober 2004.

„Welches China hätten Sie denn gerne?", stellt der deutsche China-Spezialist Prof. Eberhard Sandschneider in einem Artikel in der Zeitung *Die Welt* die Frage an die Leser. „Darf es vielleicht China als ‚Supermacht' sein? Nichts leichter als das ... Oder doch lieber ‚China vor dem Zusammenbruch'? Auch das ist nicht schwer ... Oder ziehen Sie das Bild von China als ‚High-Tech-Macht' vor? Kein Problem ... Kann man China schließlich noch als ‚Entwicklungsland' sehen? Selbstverständlich ist auch das möglich ... China ist alles zusammen. China ist ein Land voller Widersprüche, die sich alle auf scheinbar wundersame Weise in einem labilen Gleichgewicht halten."

Das Reich der Mitte, heute das Reich der Widersprüche, bleibt trotz seiner Öffnung gegenüber der Welt rätselhaft, was die Einschätzung seiner Absichten und Erfolgsaussichten betrifft. Chinas Sprung in die Zukunft ein Sprung ins Ungewisse? Die einzige Gewissheit über China ist die Ungewissheit. Die einzige Gewissheit für uns ist, dass wir auf das, was aus China auf uns zukommt, völlig unzureichend gewappnet sind.

Es wird spannend – und *wir* werden uns *sehr* anstrengen müssen.

# II. Die Chinesen kommen!

# A) Wie es begann – Ein Blick zurück

Die Wandlung Chinas in einem, historisch gemessen, Zeitraum eines Blitzlichts kann wahrscheinlich in ihrer ganzen Dramatik nur ein Zeitzeuge erfassen, der das riesige Land erstmals vor 34 Jahren erlebt hatte. Blättern wir in den Tagebuchaufzeichnungen zurück zum Herbst 1972: Nixon war im Frühjahr gelandet, die Kulturrevolution lag in Agonie, der Konflikt mit der Sowjetunion hatte sich zu Grenzkämpfen gesteigert, Mao Zedong fürchtete jene (sowjetische) Atombombe, die er noch ein Jahrzehnt zuvor als „Papiertiger" verharmlost hatte.

Chinas Regierung lud nach dem Nixon-Besuch als Fortsetzung der Wende zum Westen eine Journalistengruppe aus dem neutralen Österreich zu einer dreiwöchigen Reise durch China. Landung in Beijing. Auf der löchrigen Straße vom Flughafen in die Hauptstadt holpern unsere zwei klapprigen Regierungsautos ganz allein inmitten von Schwärmen von Radfahrern in ihrer blauen Drillichkluft zum Stadtzentrum. Unterkunft im alten „Peking"-Hotel – so historisch, dass am Schreibtisch noch ein Tintenfass in Verwendung stand. Es wird Nacht – so abgrundtief finster, wie man sich heute keine chinesische Stadt mehr vorstellen kann. Kaum aus Langeweile eingeschlafen, entsteht große Aufregung: Ministerpräsident Zhou Enlai lässt zum (dreistündigen!) Interview rufen – um Mitternacht. Eiliger, stolpernder Marsch über den Tiananmen-Platz zur Großen Halle des Volkes. Den Weg durch die Finsternis lotst das schwache Licht über dem Eingangstor der Halle. Und am Tor wartet schon Zhou Enlai: „Ich leide an Schlaflosigkeit. Mir genügen morgens ein paar Stunden", entschuldigt sich der Regierungschef von 800 Millionen Menschen eines krisengeschüttelten Riesenreichs. Der feingliedrige, bedächtige Polit-Manager und loyale, aber distanzierte Weggefährte Maos war in seinen von Krebskrankheit gezeichneten letzten Jahren vollauf damit beschäftigt, Maos Fehler zu korrigieren und China aus dem Abgrund der Kulturrevolution und der Selbstisolation zurück in die Welt zu holen – eigentlich eine Herkulesarbeit. Zhous Stärke war sein Hausverstand.

Das in seiner Offenheit und Selbstironie kaum noch zu überbietende Gespräch („Ich sage alles gerade heraus. Deshalb bin ich jetzt auch nicht mehr Außenminister") entfaltet sich an selbstkritischen Betrachtungen Zhou Enlais, was es heißt, ein Millionen-Land zu regieren, in welchem Menschen noch den Pflug ziehen müssen und dessen erste Sorge die Sicherung der stets gefährdeten Ernährungsbasis ist, gebe es doch in China jedes Jahr irgendwo Naturkatastrophen. Der Regierungschef scheut sich nicht, ausführlich darzulegen, dass der Mangel an Düngemitteln zur intensiven Verwertung von Menschenkot zwinge: „Aus diesen Gründen bin ich der Meinung, dass dieses riesige Land bis in die Achtzigerjahre keine wirkliche wirtschaftliche und politische Kraft im internationalen Leben sein wird. Das kann ich mit Gewissheit sagen."

Dann kommt Zhou Enlai auf sein Lieblingsgebiet, die Außenpolitik, zu sprechen. Er drängt auf ein rasches Ende des Vietnamkrieges, weil dieser nur noch der Sowjetunion nütze, und schon in den Koreakrieg sei China von der Sowjetunion unter falschen Vorwänden hineingedrängt worden. „Stalin hat uns hineingelegt", tun sich hier Abgründe kommunistischer Bruderfeindschaft auf.

Richtungsweisend für Chinas zielorientiertes Denken in Politik und Wirtschaft ist Zhou Enlais anekdotenhafte Antwort auf die Frage, weshalb er sich so viel Zeit für Vertreter aus einem kleinen, fernen Land wie Österreich nimmt: „Nein, das stimmt nicht. Wir sind sogar Nachbarn!", kontert er sofort. ... ??? „Weshalb? Weil wir den gleichen Nachbarn haben." ... ??? „Wen? Sowjetische Truppen an unseren Grenzen!"

Am nächsten Tag wurden uns die unterirdischen Atombunkeranlagen unter Beijing gezeigt. Der Eingang lag südlich des Tiananmen-Platzes und war ein Abstieg hinter der Verkaufsbudel eines Textilgeschäfts. Die Tunnels mit damals noch Lazaretteinrichtungen sind heute Teil des U-Bahn-Systems.

Außerhalb der Hauptstadt besuchten wir eine der so genannten „Kaderschulen": ein Euphemismus für landwirtschaftliche Arbeitslager als den notorischen Zwangsinstrumenten der Kulturrevolution zur Umerziehung und Gehirnwäsche: Alle geistigen Arbeiter mussten bei karger Bauernnahrung monatelang landwirtschaftliche Arbeit leisten und dabei die Mao-Bibel studieren und rezitieren. Gespräch mit einem Kaufhausdirektor, der gerade einen Schweinestall ausmistet: „Ach wie bin ich dankbar, körperliche Arbeit leisten zu dürfen, um ganz eng mit der Arbeiter- und Bauernklasse verbunden zu sein. Ich bereue meine frühere Arroganz. Das Studium der Werke des Vorsitzenden Mao hat die schlechten Winde aus meinem Kopf vertrieben. Dank des Vorsitzenden Mao bin ich ein brauchbares Werkzeug der Volksmacht geworden."

Das waren die Jahre, in denen das Versorgungssystem in China zusammenbrach, Schulen und Universitäten geschlossen blieben, in Shanghai im ehemals berühmten „Cathay"-Hotel der Staub und Schmutz Zentimeter hoch langen, abends die Fledermäuse durch die leeren Straßen flogen und im Hafen von Shanghai Schiffe dümpelten, die man nur als größten Schrotthaufen Asiens bezeichnen konnte. Im chinesischen Sowjet-Flugzeug aus den Fünfzigerjahren goss die Stewardess im Mao-Drillich den Tee aus Großmutters verbeulter Blechkanne dem Passagier auf die Knie. Dazu gab es einen verschrumpelten Apfel als Menü. Im Landesinneren wurde der Reis gedroschen, indem man ihn auf die Straße streute und die Lastautos darüber fahren ließ.

Endstation dieser ersten China-Reise war an der Grenze zu Hongkong ein Fischerdorf namens Shenzhen – heute glitzernde Millionenmetropole des Wirtschaftswunders an der Grenze zu Hongkong.

# B) Den Westen mit seinen Waffen schlagen

*„Wer Chinas Führung beurteilen will, muss alles vergessen, was er jemals über kommunistische Parteiführungen gelernt hat.“*

Prof. Eberhard Sandschneider,
Direktor des Forschungsinstituts der Deutschen Gesellschaft
für Auswärtige Politik

Mao Zedong sah sich als erster marxistischer Kaiser von China. Das zeigte sich nicht nur in den Kaisertradition-gleichen Ikonen während der Kulturrevolution, sondern auch in Maos Rehabilitierung des wegen seiner totalitären Gewaltexzesse bei Chinas Eliten gar nicht so populären ersten Kaisers und Reichseinigers Qin Shi Huang Di (das ist der mit der Tonfiguren-Armee). So verzeichnet das Tagungsprotokoll einer internen Parteiversammlung folgende Aussage Maos: „Was war denn so schrecklich an Qin Shi Huang? Er hat nur 460 Gelehrte exekutiert. Dazu habe ich schon gewissen Demokraten entgegengehalten: Ihr glaubt, ihr könnt uns beleidigen, wenn ihr uns als Qin bezeichnet. Aber ihr irrt. Wir haben Qin hundertfach übertroffen! Ihr bezeichnet uns als Despoten. Wir bekennen uns gern zu diesen Eigenschaften. Wir bedauern nur, dass ihr derartig hinter der Wahrheit zurückbleibt, dass wir eure Vorwürfe ergänzen müssen! (Lachen unter den Zuhörern).“ Chinas Kaiser neigten in ihrer Allmacht dazu, die Bodenhaftung zu verlieren. Qin Shi Huang Di war es auch deshalb nicht gegönnt, eine Dynastie zu errichten.

In Mao Zedongs Vision von China war die Zerstörung des Alten wichtiger gewesen als der Aufbau des Neuen: „Eine Revolution ist kein Gastmahl … kein Deckchensticken … Die Revolution ist ein Akt der Gewalt" (*Worte des Vorsitzenden Mao Tsetung*).

Maos „großer Sprung vorwärts" und erst recht seine „Kulturrevolution" endeten im nationalen Desaster. Millionen zahlten den Preis für gescheiterte Ideale.

Als der ewige Revolutionär 1976 starb, lagen China und erst recht die Kommunistische Partei ausgeblutet am Boden. Das Regime war bankrott, zumal die Chinesen in Hongkong, Taiwan und Singapur längst schon den besseren Weg zum Erfolg gewiesen hatten.

Also holten die ratlosen Führer in Beijing Maos Gegenspieler und Verfemten der Kulturrevolution, Deng Xiaoping, damals schon 72, aus der politischen Wüste zurück. Der geniale Pragmatiker riss das Ruder mit dem Mut der Verzweiflung herum, indem er China 1979 epochal umpolte: von jahrhundertelang nach innen gewandter Nabelschau zur radikalen Öffnung hinaus zur Welt.

Deng Xiaopings Vision war eine völlig andere als jene Maos, nämlich: Vom kapitalistischen Klassenfeind lernen! Den Westen mit seinen eigenen Waffen schlagen! Dengs Parolen, wie „Die Wahrheit in den Tatsachen suchen" (‚shishi qiushi'), „Es kommt nicht darauf an, ob eine Katze schwarz oder weiß ist, solange sie Mäuse fängt", „Reich sein ist schön und ruhmreich. Die Reichen sollen den Armen zeigen, wie man reich wird", trafen zwei Fliegen auf einen Schlag: China stark machen und dem KP-Regime das Überleben sichern. Ein Volk, das jedes Jahr einen (relativen) Wohlstandszuwachs verspürt mit der Hoffnung auf noch mehr, lässt die politische Führung zumindest vorübergehend in Ruhe. In Europa hieß es früher: Volle Bäuche revoltieren nicht.

Den Studenten auf dem Tiananmen-Platz, denen 1989 Brot allein zu wenig war, bewies Deng Xiaoping, dass politische Toleranz in seinen Visionen keinen Stellenwert hatte: Alles, was die Position der Partei stärkt, ist erlaubt; alles, was die Position der Partei schwächt, ist verboten. Das gilt bis heute, und Dengs blutiges Exempel hat seine Wirkung bis heute nicht verfehlt, nämlich das „Angebot“ an das Volk: Wenn ihr uns in Ruhe lasst, lassen wir euch in Ruhe ...

Für Karl Marx war der Kommunismus die Explosion aller schöpferischen Kräfte des Menschen gewesen. Deng hingegen schaffte die Explosion aller kapitalistischen Talente des chinesischen Volkes. Chinas großer Umbruch nahm seinen Lauf. Der Kommunismus wurde auf den Sankt Nimmerleinstag verschoben. Deng Xiaoping 1985: „Karl Marx schaut vom Himmel zu, was wir hier anstellen. Er ist damit vielleicht nicht einverstanden. Deshalb bin ich auf einem Ohr taub.“

Schon zwölf Jahre vorher, 1973, hatte sich Deng Xiaoping, damals noch Vize-Premier, in einem Gespräch mit Professor Gerd Kaminski aus Wien mutig zu Chinas eigenem Weg bekannt: „Der Export von Ideologie wird keinen Erfolg erzielen. Marx und Engels haben niemals gesagt, sie wollten Ideologie nach China exportieren. Gesellschaftssysteme und Lebensbedingungen werden von den Völkern selbst gewählt. Die Chinesen haben selbst die Voraussetzungen geschaffen. Wären diese Voraussetzungen nicht gewesen, würde auch kein Kommunismus in China existieren.“

Deng Xiaopings epochale Erfolgsbilanz: Noch nie in der Welt wurden in so wenigen Jahren wie in China seit 1980 400 Millionen Menschen, also ein Drittel der Bevölkerung, aus ärgster Armut befreit. Bei Menschenrechtsdiskussionen mit chinesischen Führern, wie zum Beispiel bei dem Interview des Autors dieses Buches mit dem letzten chinesischen Staats- und Parteichef Jiang Zemin, muss man immer auf diese Antwort gefasst sein.

Das neue China des Deng Xiaoping ist jenes Land geworden, das die wirksamste Methode gefunden hat, mit fremdem Geld und dem Know-how westlicher Multis seine eigene Position zu stärken. Dengs Dogma: Wir öffnen uns der Welt, aber zu unseren Bedingungen. Heute erwirtschaften 400.000 Unternehmen mit ausländischem Kapital(-anteil) ein Drittel der industriellen Produktion, beschäftigen 11 Prozent der Erwerbstätigen, tragen

21 Prozent zum Steueraufkommen bei und leisteten 2004 zwei Drittel der Exporte aus China. (Ihr Anteil am chinesischen Markt betrug allerdings nur 13 Prozent.) Um die bei uns viel diskutierten Lohnnebenkosten muss sich der Investor in China keine Sorgen machen, und es gibt viele Steuertricks.

Nachdem Deng Xiaoping innerhalb der Partei die so genannte „Was-immer"-Fraktion („Was immer Mao sagt, ist richtig") überwunden hatte, war sein erster Reform-Streich die Befreiung der Landwirtschaft. Die Umwandlung der Volkskommunen in private Dauerpacht zündete eine Explosion der Produktion. (Ab den Neunzigerjahren geriet der Landwirtschaftssektor allerdings in die Krise, weil er mit der industriellen Turbo-Wirtschaft nicht mehr mithalten konnte.)

Dengs zweiter Streich war die Schaffung der Sonderwirtschaftszonen für ausländisches Kapital. Diese haben sich zu Exportmaschinen entwickelt, wie sie die Welt noch nicht gesehen hat. So wurde die erste große Sonderwirtschaftszone, das von Deng 1980 an der Grenze zu Hongkong gegründete Shenzhen (heute 9 Millionen Einwohner, viele Wanderarbeiter und Chinas modernste Wirtschaftsmetropole), zum eigentlichen Denkmal und Vermächtnis des großen Reform-Patriarchen.

Auf dem Weg von Shenzhen nach Guangzhou (Kanton) liegt Dongguan (5 Millionen, davon 2 Millionen Wanderarbeiter). Die Industriemetropole zählt 20.000 Fabriken. Der Asien-Chef von IBM spottete: „Wenn es auf der Autobahn von Dongguan nach Hongkong zu einem Stau kommt, gerät der Computernachschub der Welt ins Stocken."

Hongkong – Shenzhen – Dongguan – Guangzhou bilden das so genannte „Perlfluss-Delta": 50 Millionen Menschen, 500.000 Fabriken, Exportwarenaufkommen binnen 5 Jahren auf jährlich 350 Milliarden Dollar verdoppelt. Diese Region hat für die Welt die Bedeutungsnachfolge des industriellen Mittelengland des 19. Jahrhunderts oder des Ruhrgebiets des 20. Jahrhunderts angetreten. Kein anderes Entwicklungsland als China zieht so viele ausländische Investitionen an. Wer möchte schon die Chance versäumen, am größten Wirtschaftsboom der Welt teilzuhaben. Als Erstes kam das Kapital der Auslandschinesen – ein Vertrauensbeweis in die Stabilität des KP-Regimes.

Dengs dritter Streich war Putong, das Finanzzentrum und Manhattan Asiens; vom kritischen US-Ökonomen Milton Friedman „das größte Potemkinsche Dorf der Welt" genannt. 4 Millionen Wanderarbeiter errichteten mit einfachsten Mitteln die Finanzpaläste. Wenn man vor 20 Jahren von Shanghais historischer Flussuferpromenade „Bund" zur Halbinsel Putong hinüberblickte, sah man nichts als Äcker und heruntergekommene Industriebaracken, die einst Symbol für chinesisches Proletarierelend gewesen waren. Heute kann man in Putong vom höchsten Gebäude Chinas (420 Meter) den Blick zurückwerfen auf den „Bund" in Liliput-Format und dahinter den Großraum Shanghai mit 4.000 Hochhäusern (Gebäude mit über 100 Meter Höhe, viele mit Pagodendächern), Stadtautobahnen und eine nächtliche Neon-Kulisse, die (wenn sie nicht gerade wegen Energieengpässen abgeschaltet ist) New York in den Schatten stellt.

Shanghai ist die größte Baustelle der Welt, und in den letzten zehn Jahren wurden hier von Millionen Wanderarbeitern in Tag- und Nachtschichten mehr Wolkenkratzer hochgezogen als im gesamten Rest der Welt. Die Stadt erstickt im Autoverkehr, der selbst die Prognosen chinesischer Stadtplaner völlig über den Haufen geworfen hat, obwohl Zulassungsgenehmigungen auf schon umgerechnet 4.600 US-Dollar erhöht worden sind und zwölfspurige Autobahnen durch die Stadt gefräst wurden. Die 2 Millionen Autos von heute waren erst für 2020 geplant gewesen. Nummerntafeln werden versteigert, und eine besondere Nummernkombination, die Glück und Reichtum verspricht, hat sich einer, der es sich leisten kann, 1 Million Euro kosten lassen. Als diese Stadt der einst 9 Millionen Fahrradfahrer im Jahre 2004 Fahrräder von den Autostraßen verbannte (eine wirkliche chinesische Kulturrevolution!), gab es einen Aufschrei des Protests.

Heute regt sich keiner mehr auf, denn man will ja schließlich überleben.

Shanghai ist der so genannte „Kopf des Drachens", Chinas Schaufenster (gar Blendwerk?) zur Welt mit teuren nationalen Prestigeinvestitionen. Die China-Expertin Radha Chadha der „Chadha Strategy Consulting" in Hongkong analysiert: „China liebt das Große. Es liebt Eindruck zu erwecken." „Macht durch Ausstrahlung" war seit jeher das Herrschaftsinstrument des Reiches der Mitte gewesen. So ist die Chinesische Mauer – in China „Große Mauer" genannt – natürlich die größte Mauer der Welt. Der chinesische Kaiser-Kanal ist natürlich der längste Kanal der Welt (für die Olympiade 2008 wird dessen historischer Hafen in Beijing aufgemöbelt). Sieben der größten Mega-Shopping-Malls der Welt entstehen natürlich in China. Olympia 2008 soll natürlich alles übertreffen, was es bisher an Olympischen Mega-Ereignissen gab. Die Expo 2010 in Shanghai soll natürlich alles in den Schatten stellen, was es bisher an Weltausstellungen gab. Der pharaonische Drei-Schluchten-Damm am Yangtse ist natürlich das derzeit größte Bauwerk der Welt („Neue Große Mauer"), Shanghai soll natürlich die Metropole der Welt werden. All das ist sich das Reich der Mitte schuldig, damit die staunende Welt das künftige Zentrum der Welt erkennt.

Solche Beeindruckungs-Szenarien hat Japan, das Land der introvertierten Bonsai-Kultur, keine, und Pearl Harbor hatte sich als Fehlversuch erwiesen. Eine der unbestrittensten Stärken Chinas, so ein englischer China-Manager in der Zeitschrift *Brand Eins*, ist die Kunst der Selbstdarstellung. Die Chinesen hätten ein großes Talent, ihre Stärken zu zeigen und ihre Schwächen zu verbergen.

Ausländische Staatsführer werden in Beijing im Reigen empfangen wie einst, so könnte man sich bei diesem Klinkenputzen erinnert fühlen, die Tributats-Prinzen bei ihrer Aufwartung am Kaiserhof, und sie werden beim Buhlen um Wirtschaftsaufträge vor der Unterschrift eindringlich von Chinas Sicht der Welt in Kenntnis gesetzt. Die Überzeugungsarbeit erfolgt auch in entgegengesetzter Richtung: Im Zeichen der Öffnungspolitik sind Chinas Führer in der ganzen Welt unterwegs. Staats- und Parteichef Hu Jintao hat seinen Vorgänger Jiang Zemin noch übertroffen und in den zwei Jahren seiner Amtszeit bis November 2005 31 Staatsbesuche absolviert – 12 in Europa, 11 in Asien, 3 in Afrika und 5 in Lateinamerika –, meist auf der Suche nach strategischen Partnern. (Im Falle Japans ist keine derartige Besuchs- und Reisehektik zu erkennen.)

Chinas Gewicht ist seine Masse, (noch) nicht der Lebensstandard. Chinas Kraft ist seine Dynamik. Was Mao Zedong 1960 nicht gelungen war, gelang seinem kritischen Erben Deng Xiaoping: Chinas „großer Sprung vorwärts". In den Neunzigerjahren gab es im Westen eine erste Vorahnung, die damals noch als Scherz formuliert war: „Der Kalte Krieg ist vorbei – und gewonnen haben die Chinesen."

In der Pro-Kopf-Aufholjagd wird China laut Berechnungen des Chinesischen Staatsrates 2020 ein Pro-Kopf-Jahreseinkommen von 3.000 Dollar und im Jahre 2050 den Weltdurchschnitt erreichen. Damit wäre das erste große nationale Ziel erreicht. Für das Pro-Kopf-Einholen der USA müssten sich die Chinesen noch bis 2075 gedulden.

In der Kaufkraft pro Kopf gemessen, steht China heute auf der Stufe von Südkorea 1984, Taiwan 1980 und Japan 1964. Lineare Fortschreibungen von Aufwärtstrends haben allerdings ihre Tücken: Politikern ist es noch immer gelungen, die schönsten Berechnungen von Fachleuten über den Haufen zu werfen. Der langjährige Siemens-Chef und China-Veteran Heinrich von Pierer rät zur Vorsicht bei Hochrechnungen in die Zukunft: „Wenn man so rechnete, wäre meine kleine Enkeltochter, die zehn Zentimeter pro Jahr wächst, 2050 über fünf Meter groß."

Heute reichen jedenfalls die Schlagworte nicht mehr aus, um die Entwicklungsrekorde zu erfassen. China hat sich, historisch gesehen, über Nacht in die Moderne katapultiert. China verändert sich nicht nur selbst – es verändert die Welt.

# C) Die Befreiung der Frauen – und retour

Eine nachhaltige Errungenschaft von Mao Zedongs China ist die Befreiung der Frauen („Was Männer können, können Frauen auch"). Das kommt China heute als Verstärkereffekt im Modernisierungsprozess zugute. In kaum einem anderen asiatischen Staat sind Frauen so intensiv in den wirtschaftlichen und gesellschaftlichen Prozess integriert wie in China; mit Ausnahme vielleicht von Taiwan, hatte sich doch schon Chinas Republikgründer Sun Yatsen, von welchem die Führung auf Taiwan ihre Legitimität ableitet, für die Frauenbefreiung eingesetzt. (Die Ausgrenzung der Frauen etwa durch Diskriminierung im Bildungswesen ist ein wesentlicher Faktor dafür, weshalb die islamische Welt mit der Moderne und der Globalisierung nicht zurechtkommt).

Das Ausmaß der Umwälzungen in China auf dem Weg zur Gleichberechtigung kann nur ermessen, wer sich die „gebundenen Füße" (durch Verbiegen, Verkrüppeln, Knochenbrechen) in Erinnerung ruft, die heranwachsenden Kleinkindern unerträgliche Schmerzen zufügten und Frauen später zu hilflosen (Sex-)Sklavinnen machten, die an das Haus gefesselt waren. Bis Mitte des vorigen Jahrhunderts hatten Frauen keinen Anspruch auf Besitz und kaum Zugang zu Bildung und bezahlter Arbeit. Ihre Rolle beschränkte sich auf die der gehorsamen Tochter, Ehefrau, Mutter und nicht zuletzt Schwiegertochter. Barbara Kreissl vom Ludwig-Boltzmann-Institut für China- und Südostasienforschung in Wien nennt das Gebot der „Drei Gehorsam": vor der Hochzeit gegenüber dem Vater, danach gegenüber dem Ehemann und nach dessen Tod gegenüber dem ältesten Sohn. Über die Ausweglosigkeit der Situation gab die Redensart Auskunft: „Wenn ich einen Hahn heirate, so muss ich bei dem Hahn bleiben. Bin ich mit einem Hund verheiratet, so bleibe ich bei dem Hund."

Ernest Alabaster (*Notes and Commentaries on Chinese Criminal Law*) berichtet von einem haarsträubenden Fall von Rechtsverweigerung für Frauen in China Ende des 19. Jahrhunderts: Ein Mann hatte es sich zur Gewohnheit gemacht, Frauen in Serie zu heiraten. Die erste erhängte sich daheim, die zweite ertränkte sich, die dritte knüpfte sich an einem Baum auf. Von den vier Konkubinen, die er sich zusätzlich nahm, blieb nur eine übrig: Die erste prügelte er zu Tode, die zweite zwang er, wegzulaufen, bei der dritten führte er durch Schläge und Brennen mit glühenden Eisen den Tod herbei. Hinsichtlich der einzig übrig gebliebenen Frau und der einzig übrig gebliebenen Konkubine verfuhr er so: Aus der Frau schnitt er Steaks, um seine Tafelfreuden zu bereichern, während er die Konkubine mit glühenden Eisen traktierte. Erst jetzt wurde es den Behörden zu arg und sie erhoben Anklage. Die Erdrosselung von ungehorsamen Töchtern fand hingegen die einmütige Billigung des Gerichts. Verursachten Frauen, wenn auch völlig unabsichtlich, den Tod ihres Mannes, so hatten sie mit der Enthauptung zu rechnen.

Vor diesem Hintergrund war das 1950 von der Regierung eingeführte neue Ehe- und Familienrecht ein Meilenstein: Gleichstellung der Frau, freie Partnerwahl, Verbot der Bigamie, Konkubinen und Kinderehen, gleiches Eigentumsrecht. Es folgten Kampagnen zur Förderung der Teilnahme der Frauen an gesellschaftlichen Produktionsaktivitäten, zur Beseitigung des Analphabetentums und zur Schulung des politischen Bewusstseins. Frauen wurden ermuntert, die Geburtenkontrolle durchzusetzen. Während der Kulturrevolution bekam die Frauenemanzipation eine skurrile Note durch eine jener von Maos Gattin Tschiang Tsching inspirierten so genannten revolutionären Peking-Opern: „Die rote Frauenkompanie".

Seit dem Reformprozess und der Einführung der Marktwirtschaft sehen sich Frauen der gleichen Doppelt- und Dreifachbelastung wie in unseren Gesellschaften ausgesetzt: Beruf, Hausfrau und Kindererzieherin. Gleichzeitig entstehen in China aber auch erstmals nichtstaatliche Frauenrechtsorganisationen. Es soll derzeit 5.800 geben. Der Staat versucht bewusst, an der Errungenschaft der hohen Frauenbeschäftigungsquote festzuhalten und deren Gewicht für die zukünftige Entwicklung hervorzuheben.

Nach wie vor kann man in China nicht von „der Frau" sprechen wegen der krassen Unterschiede zwischen Stadt- und Landbevölkerung. In den Städten haben Mädchen Zugang zu mindestens einer achtjährigen Schulbildung, am Land sind 70 Prozent der noch existierenden Analphabeten weiblich. Ein ständig wachsender Strom von Männern, die vom Land in die Stadt gehen, um dort Arbeit zu suchen, führt dazu, dass viele Frauen mit ihren Familien und der gesamten Landarbeit zurückbleiben. Schätzungen zufolge werden heute 70 Prozent der landwirtschaftlichen Arbeit von Frauen durchgeführt. Da die Landwirtschaft in China kaum mechanisiert ist, bedeutet das körperliche Schwerstarbeit. (Die meisten der 200.000 Selbstmorde in China werden unter Bauersfrauen begangen). Allerdings führt die Abwesenheit der Männer auch zu einer Stärkung der Position der Frauen als Familienmanagerinnen. Auch die Last einer zunehmend alternden Bevölkerung liegt auf den Schultern der Frauen, von denen traditionell jene sozialen Leistungen gefordert werden, bei denen der Staat versagt. So müssen viele Frauen neben Beruf und Haushalt auch noch für die Pflege ihrer Eltern und Schwiegereltern aufkommen.

Seit Beginn der Reformen ist der chinesischen Bevölkerung große Mobilität gewährt. Während früher ein Aufenthaltsrecht streng kontrolliert worden war, gibt es heute Millionen von Wanderarbeitern, unter denen sich auch viele junge Frauen befinden. Die meisten sind in der Leichtindustrie beschäftigt und schlecht bezahlt, aber allein schon die Möglichkeit, an diese Jobs heranzukommen, wird von den Frauen als große Chance gesehen. Selbst wenn ihr Einkommen gering ist, ist es oft ein Vielfaches dessen, was sie in ihren Dörfern erwirtschaften können. Mit den Reformen hat sich auch eine ländliche Kleinindustrie entwickelt, die ebenfalls für Frauen eine Einkommensquelle bildet. Wie bei uns wird auch in China die „Rückkehr der Frauen an den Herd“ (Mutterrolle, Teilzeitarbeit) ein viel diskutiertes neues Schlagwort der Gesellschaftspolitik.

# D) In die Welt ausschwärmen!

*„China lebt irgendwo zwischen gestern und übermorgen."*

Verwirrter China-Reisender
über seine Eindrücke aus dem Reich der Mitte

Chinas Kraftanstrengung wird von nationalem Ehrgeiz getrieben. Es erstaunt den Autor immer wieder, wie tief doch immer noch die Ressentiments aus der Ära der Demütigung sitzen. An der Hochschule für Fremdsprachen in Beijing erhitzte sich ein Student in der Diskussion dem Autor gegenüber: „300 Jahre lang habt ihr im Westen uns Chinesen für modernisierungsunfähig erklärt. Ihr habt davon gut gelebt, und wir haben es fast schon selbst geglaubt. Jetzt zeigen wir euch, was in uns Chinesen steckt!"

Die Verletzungen der chinesischen Seele sind noch nicht verheilt. Professor Gerd Kaminski, Wien, beleuchtet dazu in seinem Buch *50 Jahre Volksrepublik China* den Hintergrund von Franz Lehárs Welterfolgs-Operette „Land des Lächelns", der es auch aus westlichem Blickwinkel erlaubt zu begreifen, wie viel früher das Leben eines Chinesen gegolten hatte: „Die Autoren des Librettos stellten chinesischen Despotismus der abendländischen freien Lebensart gegenüber. Es dürfte nicht allgemein bekannt sein, dass das Libretto auf wahren Begebenheiten beruht, das heißt auf einer Vermengung der Geschichte zweier europäisch-chinesischer Ehen. Schauplatz der einen war Paris, und für die zweite war es Wien. In Paris ehelichte eine Französin den chinesischen Gesandten, welcher – so wie in der Operette – tatsächlich mehrere Frauen hatte. In Wien heiratete die Tochter eines kleinen Eisenbahnbeamten den Ersten Sekretär der chinesischen Gesandtschaft. Die frisch angetraute Ehefrau musste von Hongkong aus einen Küstendampfer nehmen, um nach Fuzhou, ihrer neuen Heimatstadt, zu gelangen. Dem britischen Kapitän fiel das ungewöhnliche Paar auf. Als er hörte, es handle sich um den Ehemann einer Europäerin, fand er das ‚shocking' und bot sich an, den peinlichen Gemahl nächtlings über Bord zu werfen. Dieses stammt nicht aus chinesischen Propagandaschriften, sondern aus den Tagebüchern österreichischer Marineoffiziere."

Nach historisch schmerzlichen Erfahrungen will China heute ganz oben in der Welt mitmischen und von ausländischen Experten unabhängig werden. Beim Startschuss der Reform-Ära hieß Beijings Devise für das ausländische Kapital: Know-how gegen Marktzugang, das heißt Technologietransfer durch Pflicht zur Verlegung der Wertschöpfungskette nach China („local content rules"). Viele ausländische Firmen ließen sich, geblendet von dem scheinbar grenzenlosen Marktpotenzial, regelrecht erpressen, und viele Joint Ventures scheitern am bösen Erwachen, sobald die ausländischen Partner den altchinesischen Spruch begreifen: „Im gleichen Bett liegen, aber verschiedene Träume träumen." Die andere Art von Technologietransfer erfolgte durch 600.000 chinesische Auslandsstudenten. Viele Rückkehrer wurden Firmengründer.

Jetzt ist das Know-how im Land, und nun sollen chinesische Firmen selbst in den Markt vordringen, entsprechend der neuen Devise: Den Heimatmarkt (zurück-)erobern und dann in die Welt ausschwärmen!

Verschwörungstheoretiker mutmaßen in dieser going-out-strategy einen „Masterplan für einen wirtschaftlichen Eroberungsfeldzug". Chinesische Firmen kauften 2004 mit Investitionskapital von 34 Milliarden Dollar (jährlich zweistellige Zuwachsraten) 7.000 Firmen auf. Die globale Einkaufstour kommt erst richtig in Fahrt.

Ein Schmuckstück in der Trophäensammlung war 2005 die britische Traditionsfirma „Rover". Dort hatten in den Siebzigerjahren maoistische Betriebsräte („shop stewards“) den Betrieb in Grund und Boden gestreikt. Jetzt zogen Maos kapitalistische „Enkel“ aus dem Reich der Mitte als neue Besitzer ein, um die Konkursmasse von „Rover“ zu übernehmen.

Hinter dem Schlucken von „Rover“ steckt die Methode, klangvolle, aber schwächelnde Namen im Westen billig aufzukaufen. Wirtschaftsexperten sind skeptisch, ob die Verschmelzung von westlicher und fernöstlicher Firmenmentalität so leicht von Erfolg gekrönt sein wird, hatten sich doch schon die Japaner in Hollywood oder Manhattan blutige Nasen geholt (ähnlich Mercedes mit Chrysler und Nissan). Außerdem zählt das Sanieren maroder Unternehmen zu den wohl schwierigsten Managementaufgaben – besonders für chinesische Anfänger. So spottete Larry Lang, General Manager der „Wireless“-Group in Hongkong: „Ein Haufen hektischer Leute kauft ein gescheitertes Unternehmen. Wie soll denn das funktionieren?“ China wird auf seinem „Langen Marsch“ in die Welt noch viel Lehrgeld zahlen müssen.

Der chinesische Parade-Unternehmer Li Dongsheng, der vor 20 Jahren mit einem Kredit von 600 Dollar den Großkonzern „TCI“ gegründet hatte, ist nach der Übernahme des abgewirtschafteten französischen TV-Riesen „Schneider-Thomson“, des ersten großen Auslands-Coups eines chinesischen Unternehmens, schwer in die roten Zahlen geraten. Er klagt: „In China sind Mitarbeiter sehr motiviert. Sie stecken voller Energie. Sie kümmern sich stärker um das Wohl ihres Unternehmens. Wir mussten lernen, dass man in Europa und den USA stärker zwischen Arbeit und Privatem unterscheidet. Die Sanierung von Thomson ist wegen der kulturellen Unterschiede schwieriger als wir dachten.“

Auf dem chinesischen Markt selbst ist ein gnadenloser Verdrängungswettbewerb und Preiskampf ausgebrochen, auch und besonders unter chinesischen Herstellern. Erstes Opfer: die westlichen Autoproduzenten in China. Zweites Opfer: die westlichen Mobiltelefonhersteller in China. In China kann nur bestehen, wer alle paar Monate ein neues Modell auf den Markt wirft. So musste Siemens seine Mobiltelefonsparte aufgeben und an den taiwanesischen Newcomer „BenQ“ abgeben. Dessen Firmengründer Lee Kuen-yao kommentiert mitfühlend: „Die europäische Industrie hat in schnell wachsenden Bereichen an Wettbewerbsfähigkeit eingebüßt. Sie ist zu wenig flexibel. Das liegt daran, dass ihre Menschen mehr auf Lebensqualität achten als auf Wettbewerb. Wir Asiaten waren dagegen lange daran gewöhnt, nichts zu besitzen. Deshalb nutzen wir jede Gelegenheit und sind bereit, uns ständig an neue Bedingungen anzupassen.“ Kein Markt ist größer als der chinesische, aber auch kein Markt ist härter. Die lokalen Wettbewerber werden immer zahlreicher. Wer zu langsam ist, den bestraft der chinesische Markt. An Europa schätzen Chinesen laut Umfrage Gemütlichkeit und Kultur.

Wer einen Generalstab für Chinas wirtschaftlichen Eroberungsfeldzug sucht, der findet ihn auf dem Gebiet der Politik in der mächtigen „National Development and Reform Commission“, die mit Circular-Anweisungen (www.en.ndrc.gov.cn/policyrelease) die strategischen Signale aussendet, sowie auf dem Gebiet der Wirtschaft in der Akademie der Wissenschaften. Jawohl: Offiziere, wie der Gründer des Technologiekonzerns Huawei, oder Wissenschaftler, wie der Gründer des Computerkonzerns Lenovo, werden Unternehmer. Der Staat bleibt da wie dort einflussreicher Mitbesitzer hinter der privatkapitalistischen Fassade. Als 2005 ein chinesischer Erdöl-Riese in die Übernahmeschlacht um eine US-Ölbohrfirma einstieg, schlug der US-Kongress nationalen Sicherheitsalarm: Das habe mit freier Wirtschaft nichts zu tun, denn solche Entscheidungen werden in China nicht von der Wirtschaft, sondern vom Staat getroffen!

Die Strategen des Weltmarkt-Newcomers China haben hochfliegende Pläne. China will von der „Werkbank der Welt“ zur High-Tech-Schmiede der Welt aufsteigen, ja IT-Weltmarktführer werden; von der Welt-Fabrik zum Welt-Labor. So sollen bis 2010 die 50 tüchtigsten China-Firmen aufgepäppelt und für den Weltmarkt fit gemacht werden: Global Players von morgen – made in China. Die Namen der „Nobodys“ sind im Westen noch kein Begriff, aber der Westen wird sie bald kennen lernen (müssen). Sie werden – so Wolfgang Hirn in *Herausforderung China* – aggressiver und mächtiger sein als Sony oder Samsung. Auch das Lachen über China-Autos, wie einst über die ersten japanischen und koreanischen Autos, dürfte der maroden westlichen Autoindustrie bald vergehen. China überholt 2006 Deutschland als den drittgrößten Autobauer.

Die Staatsführung ist der Antreiber durch gewaltige Modernisierungsinvestitionen in die öffentliche Infrastruktur. Industrielle Fabriken werden durch akademische Denkfabriken ergänzt. China rückte 2005 zur viertgrößten Volkswirtschaft (nach USA, Japan, Deutschland) und zur drittgrößten Handelsmacht der Welt (nach USA, Japan) vor. Alle paar Jahre klettert es einen Rang weiter. Die Welt hat noch niemals eine so große so schnell wachsende Macht gesehen. Unter Ökonomen laufen Wetten: Wann überholt die chinesische Volkswirtschaft wen auf welchem Gebiet? Deutschland könnte 2008 überholt werden, Japan 2015 und die USA 2040. „Chinas Wachstum wird dem Ausland gegenüber unfreundlicher werden“, warnt T. J. Bond, China-Analyst der Investbank Merill Lynch. „Das Land wird künftig deutlich weniger einführen, der Investitionsboom klingt ab. China wird nicht mehr nur billig liefern, sondern als Anbieter und Konkurrent auf unseren Märkten auftreten.“ Am besten weiß es aber sicherlich Singapurs Staatsgründer Lee Kuan Yew, der Deng Xiaopings Freund und Vorbild gewesen war: „Das Ausmaß, in welchem China die Welt aus dem Gleichgewicht bringt, ist so gewaltig, dass die Welt binnen 30 bis 40 Jahren eine neue Balance finden muss. Man kann nicht so tun, als sei China einfach nur ein weiterer Mitspieler. Es ist der größte Mitspieler in der Geschichte der Menschheit“, sagte er in einem *Spiegel*-Interview.

# E) Vom Kommunismus zum Konsumismus

*„Boss und Benetton statt Marx und Mao".*

MianMian,
Kult-Autorin von „Shanghai Baby", „Panda Sex" u. a.

Massenauflauf auf Beijings Platz des Himmlischen Friedens. Eine Protestaktion? Nein, „Zehn Jahre Ferrari in China", Auffahrt der chinesischen Ferrari-Besitzer. „China ist rot", Ferrari-rot. Volkspolizei schützt die Kapitalisten vor der Zudringlichkeit der autonärrischen Gaffer.

Festbankett der Ferrari-Besitzer in der Großen Halle des Volkes, wo normalerweise auf KP-Tagungen aus tausenden Kehlen die „Kommunistische Internationale" geschmettert wird. Dann Aufbruch zur Konvoi-Fahrt zur Großen Mauer. Man blinkt links, lässt Mao aber im Schneewittchen-Sarg seines Mausoleums links liegen und biegt rechts ab. Eine Ferrari-Fahrerin auf die Frage, was Mao wohl zu dem Spektakel sagen würde: „Mao wäre stolz. Schließlich sind wir Chinesen."

Szenenwechsel zum „normalen" Alltag in Beijing 2005: Verkehrsstau total. Auf der achtspurigen Changan-Avenue im Herzen der Hauptstadt schiebt sich die Blechlawine nur im Schritttempo voran. Chinesischen Statistiken zufolge ist die durchschnittliche Verkehrsgeschwindigkeit Beijings in den letzten zehn Jahren von 46 auf 7 Stundenkilometer gesunken. 40 Prozent der Verkehrsteilnehmer stehen täglich auf dem Weg zur Arbeit eine Stunde im Stau. Zu den 2,5 Millionen Autos in der Hauptstadt – ein Viertel kam allein in den letzten zwei Jahren dazu – kommen täglich tausend hinzu. In Planung ist der siebte Autobahnring um die Hauptstadt. Der Großraum von Beijing hat mehr Autobahnkilometer als ganz Russland.

Radfahrer sind zur gefährdeten Spezies geworden: Ein Milliardenvolk steigt von zwei auf vier Räder um. China ist nach Ansicht des Chefs von Ford-China, David Thomas, spätestens 2015 der größte Automarkt der Welt und hat schon jetzt hinter den USA das zweitgrößte Autobahnnetz der Welt. Ätzender Kommentar eines Kritikers der autosüchtigen Chinesen: „China mag bald alles haben, außer Frischluft."

Mit dem Auto fährt man in gigantische Shopping Malls. Motto: Shoppen bis zum Umfallen. In Dongguan eröffnet 2006 die weltrekordverdächtige Konsumtempelanlage „South China Mall" ihre Pforten, größer als das US-Verteidigungsministerium Pentagon, des größten Bürokomplexes der Welt (www.southchinamall.com.cn). In dieser Mischung aus Disney Land und Las Vegas mit zwei Fünf-Sterne-Hotels weist ein 30 Meter hohes Replikat des Arc de Triomphe den Weg in das Konsumparadies für täglich 80.000 Kunden. Eine Gondelfahrt über den „Canal Grande" soll laut Werbung auch den Chinesen „das Einkaufen zur Freude machen". Der Erbauer, Tong Rui, Vizechef des „Sanyan Yinhui Investment & Development"-Riesen, über die Unternehmensstrategie: „Wir wollen Bahnbrechendes schaffen. Wir wollen Spuren in der Geschichte hinterlassen."

Im letzten Jahrzehnt haben mehr Chinesen Millionenvermögen gemacht als in den USA: 3 Millionen. In Chinas boomender Gründerzeit suchen korrupte Funktionäre mit ihrer Millionenbeute das Weite – im Ausland sind sie kaum zu greifen – oder verspielen öffentliche Gelder in Macau – und werden exekutiert. Ein Todesurteil „auf Bewährung" bekam in einem der bislang größten Bankenskandale der Vize der Bank of China, Liu Jinbao, der 3 Millionen Dollar abgezweigt hatte. Sein Missmanagement kostete die Regierung überdies 60 Milliarden Dollar aus den 700 Milliarden Devisenreserven zum Stopfen der Löcher, die Chinas prominenter Banker hinterlassen hat.

Ex-Minister Tian Fengshan bekam Ende Dezember 2005 „lebenslänglich" für das Kassieren von 4 Millionen Yuan (400.000 Euro) an Schmiergeldern in seiner Zeit als Provinzboss. 7 Millionen Yuan kosteten die Ex-Parlamentschefin der gleichen Provinz eine Todesstrafe „auf Bewährung". Ihr Kollege, der Parteisekretär, kassierte die „Bewährungs"-Todesstrafe wegen 6 Millionen Yuan. Alle drei KP-Größen hatten eine kriminelle Bande gebildet und „ihre" Provinz Heilongjiang regelrecht ausgeplündert. Insgesamt wurden in ganz China in den Jahren 2004 und 2005 50.000 korrupte Parteifunktionäre und 800 Funktionäre der vier großen Staatsbanken bestraft. Sie hat laut offiziellen Angaben umgerechnet 73 Milliarden (!) Dollar veruntreut. Der chinesische Dissident Zhang Jian, der nach dem Tiananmen-Massaker und vor seiner Flucht jahrelang in der Hauptstadt als U-Boot lebte, schilderte in Wien seine Erlebnisse als Bediensteter im Club Apollo in Beijing so: „Wir hatten drei Arten von Kunden: Polizisten, Genossen, Schurken. Die gaben mehr aus, als ein chinesischer Bauer in zehn Jahren verdienen kann."

Vieles, aber lange nicht alles, erinnert im neuen China an die wilden Dreißigerjahre von Shanghai. Ein großer Unterschied: Damals gab es so gut wie keinen Mittelstand. Heute ist ein Mittelstand mitten im Entstehen, und der Mittelstand gilt als Rückgrat einer modernen Gesellschaft. Vorsichtige Schätzungen sprechen von 200 Millionen in China. Professor Zhang Wanli von der Chinesischen Akademie der Sozialwissenschaften berechnet den Mittelstand auf 15 Prozent der Bevölkerung, wenn man das Kriterium eines Monatseinkommens von 5.000 Yuan (600 Dollar) als Grundlage nimmt: „Bei einer Verdoppelung auf 30 Prozent wird der Mittelstand zur treibenden Kraft in der Gesellschaft", zitiert ihn *China Daily*. Ein praktischer Indikator ist auch die französische Kaufhauskette „Carrefour". Deren Chef Luc Vandevelde sprach auf dem „Global Forum 2005" in Beijing von 300 Millionen Kunden in China. Das ist immerhin die Größe des US-Marktes und drei Viertel der EU.

Nach Angaben der US-Börsenfirma Goldman Sachs wird China 2015 mit 29 Prozent Konsumanteil an Luxusprodukten der Welt Japan überholen. China steht schon heute mit 12 Prozent und 6 Milliarden Dollar auf Platz 3. 600 Millionen Dollar davon geben Chinas 26 Millionen Auslandstouristen aus. Prognosen: 49 Millionen im Jahr 2008, 100 Millionen Auslandstouristen 2020.

## F) Von Marx zu Konfuzius

*„China ist ein Meer, das alle Wasser salzig macht, die in dieses fließen."*

Winston Churchill

Die Stadt Qufu (sprich: „Tschüfu") in der Provinz Shandong ist der chinesische „Vatikan": Geburtsort von Konfuzius. Jeder fünfte Einwohner der Stadt trägt den Namen Kong, Nachfahren in der 75. Generation des Großen Meisters Kong Fu Zi; Tempelanlagen, die nur von der Verbotenen Stadt in Beijing übertroffen werden, und ein heiliger Hain mit seinem Grab inmitten eines Märchenwald-Friedhofs von 100.000 Ruhestätten. Millionen Konfuzianer aus China, Asien und Übersee pilgern jährlich nach Qufu.

Konfuzius ist kein Gott im engeren Sinn, sondern ein Vorbild und der größte Lehrmeister. Grund genug für Mao Zedongs Rote Garden, während der Kulturrevolution seinen Grabstein zu zerstören. Die Trümmer wurden wieder zusammengesetzt beziehungsweise ergänzt; unter anderem mit Hilfe der Genauigkeit alter Darstellungen von Missionaren und China-Reisenden, deren Werke sich in der Österreichischen Nationalbibliothek in Wien befinden. Professor Kong Xianglin, Konfuzius-Beauftragter der Stadt: „Unsere Familie hatte im Kaiserreich die Herzogswürde. Die Palastanlage ist die größte außerhalb der Verbotenen Stadt in Beijing. Wir Chinesen haben seine Lehren in den 2.000 Jahren derart verinnerlicht, dass sie als Verhaltensmuster nicht mehr wegzudenken sind."

Den Höhepunkt der erstaunlichen Konfuzius-Renaissance des „kommunistischen" China erlebte Qufu aber 1999 anlässlich des 2.550. Geburtstages des Großen Meisters: KP-Größen verneigten sich in einem vom Fernsehen übertragenen Staatsakt vor seiner Verehrungshalle. Und in der Großen Halle des Volkes in Beijing, vom deutschen Publizisten Herbert Kremp „Tempelanlage des KP-Staates“ genannt, wurden bei einem Geburtstagskongress konfuzianische Verhaltensmuster beschworen. Singapurs konfuzianischer Patriarch Lee Kuan Yew war eingeladen, um von ihm zu lernen, wie man autoritäre Politik mit kapitalistischer Dynamik verbindet. Herbert Kremp: „Für die chinesische Parteiführung nimmt die konfuzianische Ethik den Charakter einer rettenden Botschaft an. Sie hat funktionelle Bedeutung. Sie gebietet die hierarchische Ordnung. Der Konfuzianismus enthält einen Katalog von Pflichten, nicht der Rechte, Gemeinsinn statt Eigensinn, Disziplin, Fleiß, Ehrfurcht, Gehorsam. Die Rückbesinnung auf Konfuzius bietet außerdem Anlass, die ruhmreiche Zivilisationsgeschichte Chinas national zu deuten.“

Schon 1996 äußerte der Gouverneur der Konfuzius-Provinz Shandong, Li Chunting, in einem Gespräch mit Professor Gerd Kaminski, Wien, erstaunliche Einsichten über die Rehabilitierung des Großen Meisters: „Die Ideen des Konfuzius werden (wieder) Eingang finden im Aufbau einer stabilen staatlichen Struktur und Gesellschaft. Die wirtschaftlichen Erfolge in Südkorea und Singapur sind ein gutes Beispiel für die Nützlichkeit seiner Ideen. Seine Lehren über Harmonie finden Eingang in die modernen Ideen von Solidarität. Alles in allem kann man sagen, dass die Theorien des Konfuzius nützlich sind zur Bewältigung gegenwärtiger Probleme.“

Der Neo-Konfuzianismus – das ist nicht jener von Max Weber beschriebene untaugliche höfische Konfuzianismus – ist die Energiequelle für den Wiederaufstieg des Reichs der Mitte und nimmt als Antriebsmotor des „konfuzianischen Kapitalismus“ eine ähnliche Rolle ein wie der Protestantismus bei der Entfaltung des westlichen Kapitalismus.

Nichts ist im China von heute toter als Karl Marx. Auch Mao

Zedong? Das hätte Konfuzius niemals geduldet, denn Ehrfurcht, wenn auch nicht unkritisch, gebührt auch einem schlechten Vater. Und Mao ist der Gründungsvater des neugeborenen Chinas.

So kann die Führung in Beijing dem Großen Meister aus Qufu nur dankbar sein. Für sie ist es ohnehin gar kein so großer Sprung von Marx zu Konfuzius, sind doch sowohl der Kommunismus als auch der Konfuzianismus diesseitsbezogen und ein ideales autoritäres Herrschaftsinstrument: Durchgriffsrecht von oben und Disziplingebot für die unten. Es ist daher auch keine Überraschung, dass die drei kommunistischen Regime in Asien, alle drei im konfuzianischen Kulturkreis, im Gegensatz zu jenen in Europa durch Metamorphose bis heute „überlebt" haben: China, Vietnam, Nordkorea.

Die Chinesen haben überhaupt zu Ideologien und Theologien ein recht pragmatisches, bodenständiges Verhältnis, das sich danach ausrichtet: „Nützen sie was?" So denkt auch der Staat über die individuelle Freiheit: „Ist sie nützlich?" Die konfuzianische Verpflichtung des Einzelnen gegenüber dem Ganzen könnte nicht besser zum Ausdruck kommen als in der Anti-Nikotin-Werbung. Bei uns sagt man: „Rauchen schadet ihrer Gesundheit". Hier heißt es: „Rauchen schadet ihrer Familie". Das ist der Unterschied zwischen westlichem Individualismus und konfuzianischem Kollektivismus. China erschüttert jedenfalls westliche Theorien, wonach eine moderne Wirtschaftsstruktur nur unter demokratischen Verhältnissen möglich sei.

Ein wesentlicher Faktor des konfuzianischen Verhaltensmusters in der Gesellschaft ist Lernen und Bildung. Der Philosoph Zhuang Zi überlieferte dazu die wohl treffendste Weisheit: „Willst du auf ein Jahr planen, so pflanze Reis. Willst du auf ein Jahrzehnt planen, so pflanze Bäume. Willst du auf ein Jahrhundert planen, so bilde Menschen." Die andere Seite des konfuzianischen Bildungsideals ist der Albtraum der Prüfungshürden, die Schüler überwinden müssen. Und der Lehrer wird nicht drohen: „Wenn du faul bist, wirst du bestraft", sondern: „Wenn du faul bist, lachen dich die anderen aus." Er appelliert nicht an das Schuld-, sondern an das Schamgefühl. Der Auslesewettbewerb setzt sich bei den Hausaufgaben fort, mit denen Schüler belastet werden. Der China-Spezialist Oskar Weggel zitiert aus einem Bericht der Staatlichen Erziehungskommission, in welchem es selbstkritisch heißt: „Das durchschnittliche Arbeitspensum umfasst: einen Aufsatz von 300 bis 400 Schriftzeichen, das Auswendiglernen eines ganzen Kapitels, ferner die kaligrafische Einübung von 300 Schriftzeichen und die Lösung von 24 Rechenaufgaben; alles in allem braucht man dazu mindestens fünf Stunden."

High Tech und Konfuzius: Chinas hochqualitative akademische Ausbildungsstätten und Forschungsinstitute verbinden alte – konservative – Werte mit Zukunftsorientierung. Hier wird ein Elitedenken gepflegt, das noch vor dreißig Jahren unter Maos Gleichmacherei undenkbar gewesen wäre. Vorbild und Wunschpartner sind die feinsten Eliteinstitutionen in den USA, sei es das Silicon Valley, sei es die Harvard Business School. Die Qinghua Universität in Beijing, oft bezeichnet als das chinesische Massachusetts Institut of Technology, holt sich Top-Professoren aus den USA. Qinghua-Rektor Chen Guoqing: „Wir wollen Weltklasse sein, und die Welt soll das bemerken." Professor Wu Bangguo von der Shanghaier Fudan-Universität, der ersten modernen Hochschule des Landes: „Erstklassige Universitäten reflektieren mehr und mehr das Gewicht eines Landes." Und es gibt auch schon die erste Privat-Universität, gegründet von Hongkongs reichstem Tycoon, Li Ka-Shing, in Beijing. Dort werden Super-Manager zu Mega-Managern ausgebildet. Rektor Xiang Bing hat eine ehrgeizige Vision: „Wir wollen weit über China hinausreichen." China will aber auch das globale Wissen hereinlassen: Als erste ausländische Alma Mater hat die Universität aus dem britischen Nottingham die Erlaubnis erhalten, in China, und zwar in der Stadt Ningbo, einen Campus einzurichten. Die Studiengebühr beträgt 50.000 Yuan (5.000 Euro). Das ist zwar mehr als zehnmal so teuer wie das Studium an einer chinesischen Universität, aber nur ein Drittel der Studiengebühr für einen Chinesen in Großbritannien.

China hat immer wieder Ideologien von außen aufgenommen, sie aber unverzüglich sinisiert: Buddhismus, Marxismus. Sie wurden vom Konfuzianismus aufgesogen. Warten wir ab, was China aus dem Kapitalismus machen wird.

# G) Konfuzius und die Globalisierung

Das eurozentristische, westliche Weltbild neigt noch immer dazu, alte asiatische Werte, die einmal in Erstarrung stecken geblieben und daher den abendländischen Werten unterlegen waren, als mangelhaft zukunftstauglich zu bewerten. Dieser These widerspricht vehement der Sinologe Oskar Weggel (*China im Aufbruch, Wie mächtig wird Asien?*) und weiß es trefflich zu belegen: „Gehen westliche Entwicklungs- und Modernisierungstheorien in der Regel von der kreativen Zerstörung des Alten durch das (fortschrittliche) Neue – und damit vom ‚Entweder-oder' – aus, so neigen die gesellschaftsphilosophischen Vorstellungen Chinas eher zur Bevorzugung des ‚Sowohl-als-auch' ... Die Zeit verläuft nach chinesischer Tradition nicht geradlinig, sondern zyklisch – vergleichbar dem Rhythmus der Jahreszeiten. Das Vergangene ist also ewige Gegenwart – und wird keineswegs in einer wie immer gearteten Zukunft aufgehoben. ... Auch die modische These, dass die Globalisierung letztlich auch ein Ende des chinesischen Wertesystems mit sich bringe, erscheint ziemlich naiv. Kurz- oder mittelfristig mag es zwar nach einem Sieg westlicher, ja amerikanischer Werte aussehen. Langfristig allerdings dürften sich die authentischen Wertesysteme Asiens, vor allem des Konfuzianismus, doch wieder zu Wort melden, und zwar gebieterischer denn je. Man stelle sich eine Zukunftswelt mit 12 bis 15 Milliarden Menschen, eng gewordenen Räumen und knappen Rohstoffen vor. Muss in einer solchen Umgebung die Verherrlichung des Individualismus nicht als Luxusschöpfung erscheinen, deren Tage gezählt sind? Der klassische Konfuzianismus war ein Kind der Not und erteilte als solches Antworten auf die Frage, wie Verteilungskämpfe unblutig gelöst und wie Formen dichten Zusammenrückens möglichst konfliktfrei gestaltet werden können. Im Zeichen abnehmender Möglichkeiten und zunehmender Beengung könnte er sich erneut als Zuflucht und Ratgeber erweisen – und dies paradoxerweise ausgerechnet im Zeichen der Globalisierung.“

# H) Maos „Enkel“: Eine Gründergeneration

*„Zu lernen und das Erlernte immer wieder einzuüben, ist das nicht wunderbar?“*

Konfuzius, „Gespräche“ (Lun-yu) I/1

*„Von anderen lernen und es dann selbst besser machen.“*

Zhang Ruimin, Gründungschef des Haier-Konzerns

Die erste Generation Chinas, die unter der roten Fahne geboren worden war, wurde unter Mao Zedong in der Kulturrevolution verheizt: „bestenfalls“ ein Jahrzehnt ohne Schule, schlimmstenfalls bei Schlachten unter Rotgardisten verblutet oder in entlegenen Landgebieten an Krankheit und Hunger zugrunde gegangen. Dennoch wurde es wie durch ein Wunder keine verlorene Generation, sondern die Generation des chinesischen Entwicklungswunders, weil sie, ähnlich dem Nachkriegsdeutschland, durch die härteste aller Schulen hatte gehen müssen: jene der betrogenen Ideale. Die Ernüchterung gebar als Antwort ein konsequentes Lebensziel: Aufbau eines neuen, besseren Landes durch persönliches Erfolgsstreben.

Ein typisches Beispiel für diese Lebenseinstellung ist der Baulöwe Pan Shi Yi, der super-trendige „Donald Trump“ von Beijing. Seine hypermodernen, manche sagen: verrückten Hochhaus-Stadtviertel der Hauptstadt, wie „Soho“, erregen die internationale Architekturkritik, seine fulminanten Parties für die Reichen und Schönen widerspiegeln das Lebensgefühl von Chinas Yuppies. Das unterstreicht Pan Shi Yi mit seiner Lebensgeschichte: „Ich wurde geboren während der Kulturrevolution in einem Dorf, wohin meine Eltern als Rechtsabweichler verbannt worden waren. Von meinen Spielkameraden ist mir nur in Erinnerung, dass sie starben. Ich dachte damals, es wäre eine Krankheit. Später erfuhr ich, dass sie verhungerten. Als die Reformen anfingen, war ich noch ein Kamel, das überallhin folgte. Aber dann habe ich mich selbstständig gemacht. Von dem Tag an wurde ich ein Löwe: unabhängig, frei und angriffslustig." So sieht das Glaubensbekenntnis der neuen Ellbogengesellschaft aus: Karriere und Geld statt Politik – ganz nach dem Geschmack der politischen Führung.

Einem von der neuen Generation, Liu Chuanzhi, gelang es im Herbst 2004, das überkommene Weltbild des Westens von China nachhaltig zu erschüttern: Er erwarb für 1,76 Milliarden Dollar die PC-Sparte der US-Computer-Legende IBM. Dabei hieß der IT-Konzern des „chinesischen Bill Gates" selbst noch bis vor kurzem „Legend". Dann wurde die Firma für den Auftritt auf der Weltbühne in „Lenovo" umgetauft.

Firmengründer Liu („Während der Kulturrevolution musste ich am Land hart arbeiten") begann 1970 mit Computerexperimenten an der Akademie der Wissenschaften. Bald darauf ließ er sich mit zehn Kollegen von der Akademie „ausgliedern", um selbstständig in der Computerbranche weiterzumachen. Die (staatliche) Akademie der Wissenschaften ist nach wie vor Mehrheitseigentümer.

Nachdem er sich den Traum vom Weltkonzern erfüllt hatte, übergab Liu die Geschäftsführung 2001 an den 37 Jahre jungen Kronprinzen Yang Yuanqing. Yang repräsentiert schon äußerlich die Erfolgsgeneration, die bereits völlig der kommunistischen Vergangenheit entwachsen und mit der kühl-glatten westlichen Managerkultur verwachsen ist. „Wir sind die Neuen. Wir sind die Zukunft", lautet Lenovos Firmenwerbung. China erlebt eine Gründerzeit wie Europa am Ende des 19. Jahrhunderts, welche die Gesellschaft in allen Bereichen verjüngt und verändert.

Über Politik will Lenovo-Chef Yang nicht sprechen: „In der Firma redet man nur über das Geschäftliche." Zur Politik nur so viel: Mitglied der Kommunistischen Partei ist er seit „1997 oder 1998. Ich war erst businessman und trat dann bei“, vertraute er dem US-Magazin *Newsweek* an. „Mein größter Wunsch ist, ein guter Unternehmer zu werden.“ Neuester Einfall: Die Produktion von Endlos-Seifenopern für den Bildschirm auf dem Mobiltelefon …

Ebenfalls ein Gründer-Phänomen ist der TV-Ingenieur Li Dongsheng, heute Chef des weltgrößten Fernsehgeräteherstellers „TCL“ – und seit der Übernahme des französischen TV-Konkurrenten: „TCL-Thomson“. Das US-Magazin *Fortune* wählte ihn zum „besten Geschäftsmann Asiens“, und Frankreichs Präsident Chirac ernannte ihn zum Ritter der Ehrenlegion. Der deutschen Wochenzeitung *Die Zeit* vertraute er Respekt vor, aber Skepsis über Europa an: „Der große Ehrgeiz, der starke Unternehmergeist, die Zielstrebigkeit und Leidensbereitschaft der Chinesen werden künftig starken Einfluss auf die Welt ausüben. Mein Ziel ist es, den Kampf auf dem internationalen Markt zu gewinnen und die Richtlinien der Regierung zu befolgen.“ Li ist Mitglied des Zentralkomitees der Kommunistischen Partei. Solche Leute nennen die Chinesen „Unternehmer mit der roten Kappe“.

Der „Rote Millionär“, so sein Spitzname, machte sich auch einen Namen als Pionier in der chronisch unterentwickelten chinesischen Dienstleistungsbranche: als Erfinder des „Happy-Express“-Service. Er garantiert, dass jedes TV-Gerät, wo immer es sich befindet, innerhalb von zwölf Stunden repariert wird. Auf diese Weise verkaufte er schon zwei von drei Bauernfamilien TV-Geräte. Seinen Fachkräften zahlt Herr Li bis zu umgerechnet 1.000 Euro im Monat die höchsten Gehälter in China. Mittelmäßige fliegen umgehend raus. Draußen warten schon die Nächsten.

Seine Traumkarriere sieht Li Dongsheng aus dem Blickwinkel des Aufstiegs Chinas: „Als ich mein Diplom erhalten hatte, war China unterentwickelt. Mein größter Traum war, mir ein Fernsehgerät leisten zu können. Ich hätte mir nie vorstellen können, einmal Chef des größten Fernsehgeräteherstellers der Welt zu werden."

Der bunte Vogel unter Chinas Gründern ist Zhang Ruimin, Chef des Haushaltswarenkonzerns Haier (Firmenslogan: „Haier und higher"). Er erlangte nationale Berühmtheit durch seinen Vorschlaghammer, mit dem er vor den Augen seiner Arbeiter Produkte zertrümmerte, die nicht den höchsten Qualitätsanforderungen entsprachen – auch eine Erziehungsmethode. Zhang ist außerdem der chinesische Pionier eines Service-Netzes, und seine Servicemänner müssen Handschuhe und Überschuhe anlegen, wenn sie die Wohnungen von Kunden betreten. Heute hält er Vorträge an der Harvard School of Economics und leistete sich 2005 sogar ein Übernahmeangebot an seinen größten Konkurrenten, den US-Haushaltsgeräte-Riesen Maytag, denn: „Wir wollen die Nummer eins auf dem Weltmarkt werden. Wir wollen uns immer selbst übertreffen, uns selbst besiegen, von anderen lernen und dann selbst besser machen." Seine speziellen Kleinkühlschränke, Kleinklimaanlagen, Waschmaschinen für Damenunterwäsche und andere von der Konkurrenz vernachlässigte Nischenprodukte für Single-Haushalte haben bereits die Hälfte des US-Marktes erobert. Aus Haier ist längst schon ein Mischkonzern für hundert Sparten des täglichen Lebens geworden, und die jährliche Zuwachsrate beträgt 70 Prozent. Um amerikanischen Dumping-Sorgen zu begegnen, baute Zhang einen 40 Millionen Dollar teuren Industriepark im krisengeschüttelten South Carolina: chinesische Entwicklungshilfe in den USA. Der Nationalheld hat einen Sitz im Zentralkomitee der Kommunistischen Partei Chinas.

Zhangs abenteuerlicher Aufstieg vom kleinen Magistratsangestellten in Qingdao begann 1984, als ihm die Stadtverwaltung die völlig heruntergewirtschaftete „General Refrigerator Factory" anvertraute. Seine ersten Maßnahmen: Leistungslohn und Verbot, auf dem Gelände des Betriebes zu urinieren. Bald folgte die staatliche Auszeichnung „Sauberer und wertvoller Betrieb Chinas". Zhang tat sich mit dem deutschen Elektrogerätehersteller Liebherr zusammen, von dem er deutsche Qualitätsmaßstäbe kopierte. Angeblich auch noch mehr. Die Unternehmens-Ehe gibt es jedenfalls nicht mehr.

Viele Joint Ventures in China wurden Opfer von Missverständnissen wie jenes über den altchinesischen Spruch: „Das Kopieren des Meisters ist eine Ehre für den Meister." Der international renommierte österreichische Sessellift-Unternehmer und China-Pionier Doppelmayr klagte 2005, dass in China 200 Lifte unter dem Namen Doppelmayr in Betrieb seien, die mit seinem Unternehmen überhaupt nichts zu tun hätten. Ja sogar falsche Wiener Philharmoniker (zweifelhafter Herkunft) sowie ein Royal-Strauß-Dynastie-Walzer-Orchester oder Kaiserliche Mozart-Philharmoniker gaben Gastspiele. Die USA werfen China einen Schaden durch Produktenpiraterie im Wert von zehn Prozent des zwischenstaatlichen Handels vor. Die Liste der Warenfälschungen reicht von DVD bis Viagra. Gefälschte Produkte sind aber besonders für Chinesen lebensgefährlich: tote Babies durch falsches Milchpulver, schwere Verkehrsunfälle durch falsche Bremsbelege.

Ganz hoch hinaus will auch der chinesische Technologiekonzern Huawei, der auf ausländischen Märkten schon mit „Platzhirschen" wie Cisco, Nortel oder Siemens um Großaufträge rittert. Huawei wurde 1988 von dem Armee-Ingenieur Ren Zhengfei mit einem Startkapital von 1.000 Dollar gegründet und begann mit dem Verkauf importierter Telefonanlagen im weiten Hinterland Chinas, wo die ausländische Konkurrenz nicht hinkam. Das Firmengelände in Shenzhen ist heute eine Stadt für sich und ähnelt amerikanischen Universitätskomplexen. Die Hälfte der 25.000 Mitarbeiter mit einem Durchschnittsalter von 30 Jahren ist in der Forschung tätig.

Ebenfalls ein Firmenimperium aus dem Nichts schuf Li Ru Cheng, Gründer der Firma Youngor. Li will die ganze männliche Welt einkleiden. Seine Erfolgsstory begann vor 25 Jahren in einem Keller mit alten Nähmaschinen, die zehn Personen bedienten. Heute erzeugt er 10 Millionen Hemden, 2 Millionen Anzüge und will in den nächsten zwanzig Jahren vom Zulieferer zu einer internationalen Qualitätsweltmarke aufsteigen. Dazu hat er einen Berater von Cardin engagiert – sozusagen einen europäischen Gastarbeiter.

Im Dezember 2005 versetzte Li ausländische Korrespondenten in Beijing in ungläubiges Staunen, als er bei einer Pressekonferenz verriet, dass er seine Hemden zum Preis von 1,50 Dollar exportiert: „Dabei sind meine Kosten höher als die meiner Konkurrenten. Die verkaufen um 1,30 Dollar oder noch weniger." Antwortete ein US-Journalist: „Das ist bei uns etwa der 5-Minuten-Lohn."

Die chinesische Spielart des Kapitalismus eröffnet aber ebenso verlockende Möglichkeiten für alle Arten von geltungssüchtigen Parvenüs unter den Reichen und Superreichen. So hat sich der Shanghaier Textil-Magnat und ehemalige kommunistische Jungpionier Li Qingfu als Firmensitz das US-Kapitol hingestellt, nur unwesentlich kleiner als das Vorbild in Washington, und auf der Spitze der Kuppel steht nicht die Göttin der Freiheit, sondern in sechs Meter Größe der Eigentümer selbst, die Hand wie Mao zukunftsweisend ausgestreckt. Um seine Bedürfnisse auf der Straße zu befriedigen, fährt Herr Li einen lila Lamborghini, einen Bentley, zwei Mercedes und mehrere BMW. Sein Sohn geht in New York zur Schule und wird dort von einem Butler und einem Chauffeur betreut. Dennoch lamentiert Li Qingfu über sein Arbeitsleid: „Die vielen Einladungen für Regierungsbeamte gehen ins Geld. Aber wenn du vorwärts kommen willst, brauchst du das", klagte er der *New York Times*.

Multimillionär Lis Seelenbruder ist der Beijinger Baulöwe Zhang Yuchen, der sich ein Replikat des französischen Schlosses Maisons-Laffitte – inklusive Lakaien – hingestellt hat. Er nennt es „Chateau Zhang-Laffitte", und er stöhnt: „Das hat mich ein Vermögen gekostet, aber was tut man nicht alles für die Firma." Zhang ist KP-Mitglied und hat gute Freunde oben, die ihm die Wege ebnen, Bauernpachtland in Bauland für Luxusprojekte umzuwidmen.

# J) Global Players – Made in China

*„Schneller als die Zukunft"*

Werbeplakat in Shanghai für eine Online-Firma

Jack Welsh, der legendäre Chef von General Electric und ein China-Profi, ist für seine direkte Wortwahl bekannt: „In China gibt es Unternehmen, von denen Sie noch nie gehört haben, die im kommenden Jahrzehnt jedoch auf der Landkarte des globalen Wettbewerbs auftauchen und Ihre Existenz bedrohen werden. Die Herausforderung aus Japan war nichts im Vergleich, was aus China auf uns zukommt." Im Folgenden Kurzprofile chinesischer Markennamen, die zum globalen Sprung ansetzen:

• Wahaha:
Chinesische Limonade-Konkurrenz zu Coca Cola; produziert vier Millionen Tonnen jährlich; fünftgrößter Softdrinkhersteller der Welt. Den Markennamen hat Firmengründer Zong Qinghou, heute einer der reichsten Chinesen, 1988 von einem Kinderliedreim entlehnt, welcher ihm aus seiner jahrelangen Landverschickung während der Kulturrevolution in Erinnerung geblieben war.

• China Mobile:
Mit 250 Millionen Kunden der größte Mobilfunkbetreiber der Welt; monatlich plus 5 Millionen. Im Jahre 2005 gab es in China an die 400 Millionen mobilphone-user (in Indien 50 Millionen mit plus 2 Millionen jährlich).

• Ningbo Bird:
Marktführer bei Mobiltelefonen (chinesisch: „Hand-Maschine");

hat potente ausländische Konkurrenten überrundet und Siemens in dieser Sparte gar zur Kapitulation getrieben. Kometenhafter Aufstieg seit dem ersten Handy 1992, aber wegen des wilden Preiskampfes auf dem chinesischen Markt 2005 tief in die roten Zahlen gestürzt.

- Alibaba.com:

Marktführer in China. Das E-Commerce-Unternehmen, das Ebay Konkurrenz machen will, ist 1998 von dem Englisch-Lehrer Jack Ma (40) gegründet worden. Vorher hatte Chinas „Internet-König" für das mächtige Außenhandelsministerium das Online-Zentrum für internationalen Handel aufgebaut. Während der SARS-Epidemie erlebte er seinen Durchbruch, da E-Commerce geschäftliche Kontakte ohne persönliche Kontakte ermöglicht hat. China hatte 2005 schon über 120 Millionen Internet-Nutzer; an zweiter Stelle hinter den USA – nicht mehr lange. Mitte 2005 stieg Yahoo mit 1 Milliarde Dollar bei Alibaba ein. Jack Ma: „Geld interessiert mich weniger als das ‚Netz'. Internet ist, als ob ein blinder Mann einen blinden Tiger reitet." Jack Ma bekennt sich offen zur politischen Korrektheit des Geschäftsmannes der Volksrepublik China, was die Zensurbestimmungen betrifft: „Du kannst die Gesetze nicht ändern, sondern du hast ihnen zu folgen. Das ist die Rolle des Geschäfts überall in der Welt."

- SAIC:

Shanghai Automotive Industry Company, Chinas staatlicher Autobauriese mit Joint Ventures mit VW und General Motors, muss auf dem heimischen Markt schon gegen über 120 chinesische Konkurrenzfirmen ankämpfen.

- Li Ning:

Chinas dreifacher Turn-Olympiasieger gründete 1989 als damals 26-Jähriger einen Sportbekleidungskonzern unter seinem Namen. Rückt Adidas und Nike gefährlich nahe, weil erheblich billiger.

- Baosteel:

Shanghais Stahlriese und Protektionskind der chinesischen Führung. Hat bereits Eisenerz-Minen in Australien und ist Stahlkocher in Brasilien.

- Qingdao Brewery:

Erbe der deutschen Kolonialbrauerei in Qingdao, damals: Tsingtao. Machte Chinesen zu den größten Biertrinkern der Welt. Zusammenarbeit mit dem US-Braukonzern Anheuser-Busch, der ein bierähnliches Malzgetränk erzeugt.

- Petrochina:

Erdölriese und laut Standard & Poor's Chinas größte Firma mit 60 Milliarden Dollar Umsatz. Kaufte um 10 Milliarden Erdölfelder in Kasachstan.

- Toodou („Kartoffel"):

„Toodou.com", gegründet im Herbst 2004, ist Chinas größtes Podcast-Unternehmen. Der Gründer Gary Wang (32), geboren in Fuzhou und ausgebildet in den USA: „Im Gegensatz zu früheren technologischen Medienrevolutionen, die von den USA ihren Ausgang genommen hatten, ‚explodiert' Podcasting überall zur gleichen Zeit. Wir wollen von China aus die Führenden sein."

China erlangt ein Gewicht, wie es das Nachkriegsjapan mit seinem Wirtschaftswunder nie geschafft hat, durch eine Kombination von raffinierter Politik- und Wirtschaftsstrategie, die ihren Eindruck auf die Welt nicht verfehlt. China rührt auf den Rohstoffmärkten um, hält den US-Dollar als Geisel, greift zu militärischen Einschüchterungsgebärden (Taiwan), kann auf ein chinesisches Netzwerk in der Welt zurückgreifen und lässt Millionen Menschen außerhalb Chinas um ihre Jobs bangen.

# K) Zukunftswaffen: Klon und Gen

*„In Japan und China werden herausstehende Nägel eingeschlagen. In Amerika räumen sie Nobelpreise ab.“*

Wall-Street-Bonmot über die kreativen Vorzüge des amerikanischen Systems gegenüber asiatischem Konformitätsdruck

Der US-amerikanische Erfolg beruht auf Erfindungsenergie, der asiatische Erfolg auf Leistungsenergie. Damit konnte Japan seinen Mangel an Nobelpreisträgern mehr als ausgleichen. Chinas Ehrgeiz ist es, beides in den Schatten zu stellen; sowohl Weltfabrik als auch Weltlabor zu werden.

Seine wirtschaftlichen Zukunftswaffen hat China noch gar nicht ausgepackt, obwohl schon zielstrebig daran gearbeitet wird: Biotechnologie und künstliche Intelligenz. Die Wirtschaftsstrategen in Beijing hatten genau registriert, dass Genmanipulation und Stammzellenforschung Sparten sind, wo sich der Westen ethische Beschränkungen selbst auferlegt hat. Asien hat solche nicht. Südkorea und Singapur arbeiten daran ebenfalls mit Hochdruck. So eröffnet sich für Asien ein zukünftiger hoch qualifizierter Exportmarkt mit ungeahnten Möglichkeiten, zum Beispiel auf dem Transplantationsgebiet.

China will in den kommenden zehn Jahren 100 Milliarden Yuan (12 Milliarden Dollar) in den Biotechnologiesektor investieren, um zur führenden Kraft auf diesem Gebiet aufzusteigen, kündigte im September 2005 auf dem „International Bio-Economy Symposium“ der Direktor des China National Centre for Biotechnology Development, Wang Hongguang, in Beijing an. China hat bei Weltraumexperimenten – für 2020 ist eine Landung am Mond geplant – dutzende Getreidesorten in tausend Varianten genetisch verändert und in Freilandversuchen weiter gezüchtet. Ebenso wird in High-Tech-Labors laut Harry Shum von „Microsoft Research Asia“ in ehrgeizigen Forschungsprogrammen an künstlicher Intelligenz gearbeitet im Wettlauf mit Japan und den USA um die ultimative Computer-Generation. Erste Überraschungen des „Digitalen Drachens“ (so der Branchen-Spitzname) sollen bei der Olympiade 2008 der Öffentlichkeit vorgestellt werden.

1998 wurde das „Projekt 985“ gestartet mit dem Ziel, in den ersten Jahrzehnten des 21. Jahrhunderts eine Reihe von erstklassigen Universitäten „von fortgeschrittenem Weltniveau“ aus dem Boden zu stampfen und hierzu die nötigen finanziellen Mittel bereitzustellen. Bildungseifer der Studenten ist ja ausreichend vorhanden. Die Priorität, die Chinas Führung der Biotechnologie beimisst, zeigen die drei Besuche, die Staats- und Parteichef Hu Jintao innerhalb eines Jahres dem Biochip-Forschungszentrum der Qinghua-Universität in Beijing abgestattet hat. „Ohne Patente auf diesem Gebiet hat ein Land keine Kernkompetenz“, wird Hu zitiert. Für den Zeitraum von 2006 bis 2010 stellt die Regierung umgerechnet 5 Milliarden Euro für die wissenschaftliche Forschung bereit.

Als Prunkstück staatlicher Wissenschaftsförderung glänzt am Stadtrand von Beijing der „Life Science Park“, unter anderem Firmenzentrale von „CapitalBio“, die sich auf Biochip-Technologie spezialisiert hat. Ihr Chef und Gründer, der aus den USA zurückgekehrte Biologe und Qinghua-Universitätsprofessor Cheng Jing (42), hat das Unternehmen mit einem städtischen 10-Millionen-Dollar-Kredit vor erst sechs Jahren gestartet und ist mit seinen patentierten Produkten bereits auf dem europäischen High-Tech-Markt.

Zukunftstechnologie geht auch den umgekehrten Weg: Schon hunderte Weltkonzerne mit großen Namen haben zumindest Teile ihrer Forschungszentralen nach China ausgelagert – mit zweistelligen Zuwachsraten. Chinesische Forscher kosten einen Bruchteil ihrer westlichen Kollegen ...

Ende 2005 schlug der EU-Kommissar für Bildung und Forschung, Janez Potocnik, Alarm: In den nächsten fünf Jahren wird China mehr in Forschung und Entwicklung investieren als Europa, gemessen am Anteil der Wirtschaftsleistung. Bis 2010 würden die Ausgaben für Forschung und Entwicklung lediglich von 1,9 Prozent des BNP auf 2,2 Prozent statt den in der „Lissabon-Strategie“ angepeilten 3 Prozent wachsen. Im Vergleich dazu liegen Chinas Ausgaben bei 3,2 Prozent und jene der USA bei 2,6 Prozent. So fürchtet nun die EU, dass China auch auf dem High-Tech-Sektor zum Konkurrenten Europas wird. EU-Handelskommissar Peter Mandelson: „Wir steuern in stürmische Gewässer.“

# III. Partei und Kapital: Wer gewinnt?

# A) Vogelkäfigs-Kapitalismus

*„Liebe Freunde und Investoren!*
*Wir, ein Land mit 4.000 Jahre alter Kultur, Heimat des Konfuzius und der Großen Mauer, schätzen uns glücklich, Sie begrüßen zu dürfen. Herzlich willkommen in China, dem Land der mannigfaltigen Möglichkeiten. Hier erwartet Sie eine Milliarde fleißiger Menschen, die gerne für nur 50 Euro im Monat 12 Stunden am Tag arbeiten. Seien Sie ganz unbesorgt. Hier sind freie Gewerkschaften verboten. Unsere geliebte Kommunistische Partei garantiert Ihnen hervorragende Arbeitsmoral, soziale Ruhe in den Betrieben und Umsätze ohnegleichen. Liebe Freunde und Investoren! Die Partei braucht Sie! Helfen Sie ihr, den chinesischen Sozialismus aufzubauen."*

Französische TV-Satire

Chinesen lieben reizende Vögelchen, die sie in schmucken Käfigen halten. Die chinesischen Kommunisten liebten 50 Jahre lang das britische Kolonialrelikt Hongkong als nützliches Vögelchen im goldenen Käfig der Volksrepublik China. Ebenso einfach, ja wörtlich, beantwortet sich die Frage nach dem Charakter des chinesischen Wirtschaftssystems: Chinas Führung nennt es nicht Kapitalismus, sondern sozialistische Marktwirtschaft, die allerdings nicht einmal einen Hauch sozialer Romantik hat. Die Antwort liefert der 1995 verstorbene, mit Deng Xiaoping konkurrierende, konservative KP-Wirtschafts-Zar Chen Yun, der ebenso wie Deng einer der so genannten „Acht Unsterblichen" – eine Bezeichnung aus der daoistischen Götterwelt – jener Gerontokraten war, die Mao überlebt hatten. Chen Yun stellte zu Beginn der Reform-Ära im Parteiorgan *Rote Fahne* (Nr. 8, 1982) die Theorie des Vogelkäfigs auf: Die Partei dürfe den Vogel „Wirtschaft“ nicht festhalten, sonst könne er nicht fliegen. Sie dürfe ihn aber auch nicht wegfliegen lassen. Es gelte also, dem Vogel einen angemessenen Käfig zu bauen.

Chinas Staats- und Parteichef Hu Jintao, der mehr als sein Vorgänger Jiang Zemin den Kontrollverlust fürchtet, erinnerte in einer Gedenkrede an diesen Chen Yun. In Disziplinierungskampagnen werden wieder die Zügel besonders in der Partei („Verbesserung der Führungsqualität und Vorbildfunktion“) angezogen sowie der Primat der Staatspartei über die Wirtschaft in Erinnerung gerufen. Soll heißen: Der Vogel darf nicht wegfliegen, soll sich aber im unsichtbaren Käfig wohl fühlen, damit er schöne Lieder trällert. Die Eigentumsstruktur der chinesischen Wirtschaft hat sich von vormals totalem Verbot des Eigentums an Produktionsmitteln zu einer speziellen chinesischen Mischform diversifiziert: Staatssektor 25 Prozent, Privatsektor mutmaßlich 40 Prozent sowie ein Kollektivsektor von vermutlich 35 Prozent: Darunter versteht man das Gestrüpp kommunaler und regionaler Unternehmen mit mehr oder weniger Privatanteil. Der Staat hat sich seit 1995 von 150.000 seiner ehemals 300.000 Betriebe und 30 Millionen Arbeitnehmern getrennt. Der Privatsektor trägt schon zu 60 Prozent an Chinas Wirtschaftsaufkommen bei.

Viele kapitalistische Unternehmen firmieren nach außen hin als „privat“, arbeiten aber mit staatlichem Eigentümerkapital, darunter Global Players wie Haier, Lenovo oder Huawei. Sie sind sozusagen „Pächter“ des staatlichen Kapitals in ihren Firmen. Die steigende Zahl von vormaligen Klassenfeinden, derzeit 2 Millionen Privatunternehmen und 40 Millionen Kleinbetriebe, in denen 200 Millionen Menschen beschäftigt sind, mausert sich langsam zu einem Kontrollproblem für die Parteiführung. Diese „Vorhut des Proletariats“ löst das Problem aber auf typisch chinesisch-pragmatische Weise: 1 Million rote Kapitalisten sind schon KP-Mitglieder und haben der Partei den Treueeid geschworen.

Chinas Marktwirtschaft, ein politischer Drahtseilakt ohne

Beispiel, hängt am Gängelband der staatlichen Obrigkeit der 14 Millionen Apparatschiks (Funktionäre, Kader, Beamte in steigender Zahl), die in der Regel das letzte Wort und in der Regel immer Recht haben. Leidgeprüfte ausländische Investoren nennen dieses undurchsichtige Gestrüpp „Kader-Kapitalismus" („crony capitalism"). Der Dissident Manyan Ng nennt es „rule of lords statt rule of law": „Die Partei steht höher als jedes Gericht." Oder wie es westliche Geschäftsleute formulieren: Die Chinesen haben tausend Regeln und davon tausend Ausnahmen, die wir nicht kennen.

Die Vernetzung von Politik und wirtschaftlichen Eliten ist total. Die staatliche Wirtschaftslenkung ist von Behutsamkeit, aber großer Nachhaltigkeit geprägt: immer erst kleine (Test-)Schritte vor großen Schritten. Der Lieblingsbaumeister der Stadt Shanghai, der Baulöwe Vincent Lo aus Hongkong, über sein Geschäftsgeheimnis: „Man muss begreifen, was die Regierung erreichen will. Wenn du dich dieser Planung fügst, werden sie dich unterstützen. Beziehungen zur Politik sind extrem wichtig. Ohne politischen Rückhalt kein geschäftlicher Erfolg."

In diesem Beziehungs-Labyrinth kennen sich nur Eingeweihte aus. Das zeigt ein Fall-Beispiel von Thomas Heberer, Universität Trier, über das Dorfverwaltungskomitee Yuwang in der Provinz Sichuan: Der Vorsitzende (Bürgermeister) ist Vizeparteisekretär und Direktor des dorfeigenen Unternehmens, einer Papierfabrik. Der Erste Vizevorsitzende ist der Parteisekretär und ein Mitglied des Vorstandes jenes Privatunternehmens, dessen Besitzer der Zweite Vizevorsitzende ist. Die Ehefrau ist Mitglied des Vorstandes der Papierfabrik, deren Chefmanager jener Zweite Vizevorsitzende ist. Dieser ist Besitzer des Privatunternehmens, das Fischnetze herstellt, und besitzt an der (dorfeigenen) Papierfabrik 89 Prozent der Aktien. Oder das Beispiel des Dorfes Chunleicun, Provinz Jiangsu: Dort erzielte der Parteisekretär aus seiner wirtschaftlichen Tätigkeit ein 15fach höheres Einkommen als aus seiner Verwaltungs- und Parteitätigkeit. Logisch, dass sich seine

Zielpriorität über kurz oder lang auf wirtschaftliche und nicht auf politische Belange ausrichtet. Wie lautet doch ein gängiger chinesischer Witz: Die Kommunistische Partei hat 70 Millionen Mitglieder, aber keinen Kommunisten.

Geld regiert China, egal wo es sitzt. „Guanxi" („Beziehungen") und gute Verbindungen nach oben zu haben, ist also unerlässlich. Die chinesische Gesellschaft ist beziehungsorientiert, die westliche Gesellschaft sachorientiert. „Gute Freunde" können aber auch ganz schön lästig werden: Der Chef des „Haier"-Konzers, Zhang Ruimin, war groß geworden, indem er von der Stadt Qingdao die abgewirtschaftete Kühlschränkefirma übernahm. Kurz darauf kamen die städtischen Freunde und erinnerten ihn an die Dankesschuld in Form der Übernahme auch eines maroden Pharmabetriebs. Dieses Abenteuer ging schief. Aber es hätte noch schlimmer kommen können, schildert Zhang im US-Magazin *Newsweek:* „Sie kamen auch mit einer Fahrradfabrik und vielem mehr. Ich brachte es mit Mühe fertig, Nein zu sagen. Wer eine chinesische Weltmarke werden will, muss lernen, Nein zu sagen."

Nicht wie früher die Musterarbeiter, sondern Wirtschaftskapitäne sind heute die Vorzeigehelden in China.

# B) WHO IS HU und WER IST WEN?

Neben der großen Verbotenen Stadt in Beijing steht in der linken Richtung vom Tor des Himmlischen Friedens die kleine und wirklich verbotene Stadt: „Zhongnanhai“, einst ein ummauertes Villenviertel des kaiserlichen Hofes rund um zwei kleine Seen, heute Residenzviertel der obersten Führung Chinas. Das Eingangstor wird von Gardesoldaten bewacht. Der Blick nach innen endet an einer quer stehenden großen roten Schrifttafel mit Maos berühmtem Spruch in seinen eigenen Pinselstrichen: „Dem Volke dienen“. Mehr gibt es nach innen nicht zu sehen. Viel mehr ist aber auch nicht von den Bewohnern wahrzunehmen, selbst wenn sie ihre öffentlichen Funktionen ausüben. Das unterscheidet das heutige China, immerhin die größte Diktatur der Welt, von anderen autoritären Regimes: Kein charismatischer Alleinherrscher, der das Volk unentwegt mit seinen Parolen und Bildern belästigt, sondern eine mehr oder weniger kollektive Führung mit begrenzten Amtszeiten; stromlinienförmige, unauffällige Technokraten der Macht, die das größte Land der Welt wie die Vorstandsriege eines Großkonzerns diskret, aber mit fester Hand dirigieren.

2002/2003 übernahm die zweite Führungsgeneration seit Deng Xiaoping das Ruder – und dieser Wechsel vollzog sich mehr oder weniger reibungslos, was nach den Jahrzehnten wilder Machtkämpfe im kommunistischen China einen großen Fortschritt darstellt. Wenn Chinas Technokraten der Macht öffentlich auftreten, wirken sie hölzern-unnahbar. Doch hinter der Fassade der Macht entpuppen sie sich als offenherzige Normalmenschen. So vertraute der letzte Staats- und Parteichef, Jiang Zemin, dem Autor im Gespräch an, dass er sich wie ein Gefangener im goldenen Käfig fühlt und sogar sein Versuch, inkognito und verkleidet einen abendlichen Spaziergang in der Stadt zu unternehmen, dort an übereifrigen Sicherheitsleuten scheiterte. Beim Staatsbesuch von Bundespräsident Klestil brillierte Jiang in der Halle des Volkes als Sänger und Walzertänzer – aber gefilmt oder fotografiert werden durfte nicht.

Ist schon das Privatleben tabu, so gibt es auch über die Karrierewege der Führungspersönlichkeiten nur offiziöse Daten. Der Korrespondent der deutschen Zeitung *Die Welt* in China, Johnny Erling, hat unter dem Titel „Who is Hu und Wer ist Wen?" Informationen über das derzeitige Führungsduo Hu Jintao und Wen Jiabao zusammengetragen.

Die erste Überraschung: Hu, geboren 1942, hat das, was man unter Mao noch eine „falsche Klassenherkunft" genannt hätte: Seine Eltern waren kleine Händler. Sein Vater ließ sein Teegeschäft 1955 „freiwillig" kollektivieren. Hu überwand als Musterschüler den Makel der Herkunft, entwickelte die Kunst, sich keine Feinde zu machen und lernte, sich anzupassen: alles ideale Voraussetzungen für eine Karriere an die Spitze. Selbstbeherrschung und Zurückhaltung ließen ihn alle Windungen und Wendungen Chinas unbeschadet überstehen. An der Eliteuniversität Qinghua in Beijing, wo er das Studium eines Wasserbauingenieurs absolvierte, lernte er seine Frau kennen, mit der er zwei Kinder hat. Noch in jugendlichen Jahren begann seine Blitzkarriere in der Partei durch viele Funktionen, in denen er sich bewährte. Die heikelste: Parteichef in Tibet von 1988–1992, wo er als erster „Zivilist" und mit harter Hand regierte. Das imponierte Deng Xiaoping, der ihn nach Beijing holte – Hu litt in Tibet wie viele Chinesen an Höhenkrankheit – und zum Chef der Parteihochschule machte. Hu führte in der Partei und auch im Propagandaapparat einen modernen Managementstil ein. Seine Erfindung, die bis heute fortgesetzt wird: (Pflicht-)Vorlesungen für Parteikader durch Fachleute aus Staat, Wirtschaft und Gesellschaft. Die Schulungen nehmen bereits kampagneartige Formen für Kader aller

Art an gemäß dem Ziel: mit der Zeit gehen, aber die Vorherrschaft der Partei erhalten.

Im gleichen Alter wie Hu ist Ministerpräsident Wen. Er stammt aus einer Familie von Lehrern, die im Krieg und Bürgerkrieg schwer gelitten hatte. Als Geologe hat er die hintersten Winkel des riesigen Landes kennen gelernt. Hu und Wen bilden seit langem in der Partei ein Gespann. Sie haben zehn Jahre auf ihre Chance gewartet. Ihr Herrschaftsstil ist vorsichtig und auch immer darauf bedacht, die Machtbalance im neunköpfigen Ständigen Ausschuss des Politbüros, dem höchsten Machtorgan, nicht zu verletzen, schreibt Johnny Erling.

Der neo-autoritäre Kurs und die Betonung der Ordnungsprinzipien seit der ersten Tagung des Zentralkomitees der KP unter Hu im September 2004 haben Ansätze von „Glasnost“ in China scharf abgebremst. „Hu glaubt, dass die Realitäten in dem riesigen Land zu schwierig, die sozialen Probleme zu gewaltig seien, als dass er mit Milde regieren könne“, schreibt seine Biografin Ma Ling. Hu habe bei seinem Amtsantritt als Parteichef 2002 durchaus die Zügel weiter lockern wollen, aber die dramatische soziale Lage im Land habe ihn „überwältigt“. Jetzt heißt die oberste Devise: Ruhe und Ordnung.

Der Gegensatz zwischen altkommunistischer Phraseologie, welche wieder in den Vordergrund rückt, und wild-kapitalistischer Realität nimmt bizarre Formen an. Immer drängender stellt sich die Frage, wie lange diese ideologische und machtpolitische Schizophrenie in China durchzuhalten ist. Laut John Gittings *The Changing Face of China* hat sich die Führung seit Deng Xiaopings Reform-Ära nur eine Atempause verschafft, während der sie nach der Wirtschaft auch die Politik modernisieren müsste, um dem Volke wirklich zu dienen.

# C) Weltmeister der Kontrolle

Chinas Führung hat eine Obsession: Kontrolle. Damit aber diese Überwachung den Modernisierungskurs nicht behindert, wird auch die Kontrolle durch ausgeklügeltste Mechanismen auf den modernsten Stand gebracht. Herkömmliche Zensur wird im Informationszeitalter immer schwieriger. Zwar gibt es keine ausländischen Zeitungen im freien Verkauf, aber wer ungefilterte Informationen sucht, holt sich diese über TV-Satellitenschüssel (nicht erlaubt) und Internet. Chinas Medienlandschaft ist bunt und marktorientiert wie im Westen, um moderne Ansprüche zu befriedigen, aber doch an die lange Leine gebunden, welche (Selbst-)Zensur bei vorgegebenen Themen vorschreibt.

Manchmal ist diese Leine sogar erkennbar kurz, wenn sensible Regierungspolitik ins Spiel kommen könnte. Daran wurde eine österreichische Journalistendelegation erinnert, als sie mit Tuo Zhen, dem geschäftsführenden Chefredakteur des wichtigen Wirtschaftsorgans der Regierung, *Economic Daily,* ein Gespräch führte. (Die Wirtschaftszeitung war von Deng Xiaoping als seine Reformplattform gegründet worden in „Ergänzung" zum Parteiorgan *Peoples Daily.* Die Titelschrift beider Zeitungsnamen stammt aus den Pinselstrichen ihrer Gründer Mao und Deng.) Chefredakteur Tuo beantwortete die Fragen in heftigem Blickkontakt mit der „Betriebsrätin" der Redaktion, die auch emsig Notizen anfertigte. Als das ORF-Team aber auch Aufnahmen in Bild und Ton machen wollte, geriet die Betriebsrätin in eine Nervenkrise: „Das war nicht ausgemacht." Peinliche Minuten: ratloser Chefredakteur; Betriebsrätin stürzt hinaus zu hektischen Telefonaten und kehrt mit einer Kassette zwecks Kontrollaufzeichnung zurück. Dann gewährte (riskierte?) der Chefredakteur ein paar extra harmlose TV-Antworten. „Ein Hauch von Ceauşescu“, fühlte sich ein Teilnehmer der Szenen erinnert.

Der chinesische Journalist einer anderen Redaktion charakterisiert seine Medienarbeit so: „Minenfeld ohne Landkarte“. Zum Jahreswechsel 2005/2006 traf es das offizielle (!) Boulevardblatt (die Partei weiß, was die Massen wirklich lesen wollen) *Neue Hauptstadtzeitung* in Beijing. Der Chefredakteur wurde gefeuert, weil das Blatt zu frech geworden war und seine Nase in Dinge steckte – Korruption, Industrie- und Umweltkatastrophen –, die es nichts angingen. Diese „Säuberungsaktion“ ging aber nicht mehr so problemlos über die Bühne: Die Redakteure protestierten und drückten ihren Unmut mehr als deutlich zwischen den Zeilen in der Zeitung aus.

Wie lange kann ein solches System in der modernen Welt noch funktionieren? Wird Chinas Führung erkennen, dass eine heranwachsende Mittelschicht irgendwann mehr Spielraum will, als die Wahlfreiheit unter Automarken? Apropos Wählen: Im Sommer 2005 wagte die Führung von Chinas Fernsehen ein Unterhaltungsexperiment, dessen politische Auswirkungen sie möglicherweise nicht erkannt hatte. Chinas TV-Zuschauer sollten, nach dem erfolgreichen Muster in anderen Ländern, das „Super-Girl“ wählen. Die Gesangsshow-Serie mit leicht bekleideten Kandidatinnen, darunter Punk-Girls aus der tiefen Sichuan-Provinz, artete zu einer Massenhysterie aus. 400 Millionen Chinesen, also ein Drittel der Gesamtbevölkerung, sahen zu, 8 Millionen gaben per SMS ihre Stimmen ab. Daraus entwickelte sich eine öffentliche politische Diskussion. *Beijing Today* titelte: „Super-Girl als demokratische Kraft?“. Die regimefromme *China Daily* bremste: „Wie kann man die Wahl bei einem Song Contest Demokratie nennen, wo derjenige siegt, der am schlechtesten singt?“ Demokratie im bevölkerungsreichsten Land der Welt bleibt ein Spiel mit dem Feuer – für beide Seiten.

Das „Super-Girl“-Spektakel hatte „reinigende“ Folgen: Chinas Regierung wies die 3.000 TV-Stationen (davon 70 Prozent auf städtischer oder Landkreis-Ebene) am 10. September an, bei Shows künftig nicht mehr Hongkong- oder Taiwan-Slang zu verwenden, der von Popgruppen und Showmastern als besonders „cool“ geschätzt wird, sondern Hoch-Chinesisch. Außerdem ist ab sofort vor Kameras „anständiges Aussehen“ gefordert und „anständige Kleidung“ zu tragen. Seit September kontrollieren die Behörden auch verschärft die offiziellen Zeitungskioske in der Hauptstadt, um den Verkauf unerlaubter ausländischer und inländischer Publikationen zu unterbinden. Ruhe ist die erste Bürgerpflicht, nicht Revoluzzertum, das sich vielleicht gar auf Kommunismus beruft. Hat es in den letzten zwanzig Jahren eine Revolution gegeben, dann ist es die sexuelle Revolution. Kunst und Kultur sind heute von Propagandapflicht befreit und müssen als Gegenleistung die Politik in Ruhe lassen.

In Südkorea und Taiwan hatten die autoritären Regime den Weg zur Demokratie ohne Gewalt freigegeben. Und deshalb ist auch über die politische Zukunft Chinas das letzte Wort noch nicht gesprochen – so oder so. Wann wird das sein? Es kann noch lange dauern, obwohl sich seit Kulturrevolution und Tiananmen-Massaker die Haltung politikinteressierter Chinesen zur korruptionsanfälligen Partei und Regierung durch beachtlichen Zynismus auszeichnet.

Chinas Sonderfall ist seine Größe. Das riesige Land steht noch auf und in weiten Gebieten erst in den Anfängen des Entwicklungsprozesses. Chinas Führung bekennt sich offen zur Entwicklungsdiktatur. Die Kommunistische Partei, besser benannt als „Partei der Macht“, schöpft ihre Herrschaftslegitimität, das „Mandat des Himmels“, aus dem Erfolg. Sie kann ihr Herrschaftsmonopol gegenüber bürgerlichen Emanzipationsbestrebungen und sozialer Unrast nur durch übergroße wirtschaftliche Performance aufrecht halten. Daher bangt sie fast panisch vor wirtschaftlichen Rückschlägen, die in einem Entwicklungsprozess unweigerlich auftreten. So werden Zuwachsraten zur Besessenheit. „Wir müssen jedes Jahr 20 Millionen neue Arbeitsplätze schaffen", beschreibt der Vize-Chef des Forschungsinstituts für Entwicklungsfragen beim chinesischen Staatsrat (das ist die Regierung), Xie Fuzhan, die Herkulesaufgabe. Die KP-Republik hat seit Deng Xiaoping eine im Sinne ihres politischen Systems kompetente Führung. Mit ihrer vorsichtigen Politik meisterte sie zum Beispiel die asiatische Finanzkrise von 1997/1998 und sicherte damit Stabilität sogar weit über die chinesischen Grenzen hinaus.

Der Autor Bruce Gilley (*Chinas demokratische Zukunft*) vertritt die Meinung, dass das 1.300-Millionen-Volk schon jetzt sehr wohl reif für die Demokratie wäre: „Es gibt keinen Bereich im nationalen Leben Chinas, für den eine Demokratie nicht nachhaltig bessere Lösungen hätte – Eindämmung der Korruption, der Ungleichheit, der Vergeudung für nutzlosen Techno-Nationalismus (wie Shanghais Magnetschwebebahn), der Einschränkung der Arbeitnehmerrechte, der Diskriminierung der Landbevölkerung, des Schmuggels, der Produktenpiraterie, der Steuerflucht, der polit-ökonomischen Mafiastrukturen. Hohes Wirtschaftswachstum allein wird diese Probleme nicht lösen. Je länger der Übergang hinausgeschoben wird, desto größer ist die Gefahr, dass er dann außer Kontrolle gerät und in einen Kollaps mündet."

Ein unstabiles (atomares) China wäre für die Welt wohl eine größere Bedrohung als ein erfolgreiches China. Sollen wir, wie ein US-Autor meint, China nicht fürchten, sondern lieber für China beten? Der Dissident Manyan Ng: „Chinas Umgang mit den Menschenrechten ist eine Herausforderung für die ganze Welt. Die Stunde X kann früher kommen, als man sie erwartet. Auch der Fall der Berliner Mauer war so nicht erwartet worden. Wir Chinesen haben ein Sprichwort: ‚Was weiß der Mensch, was der Himmel vorhat.'"

Gegen Ende seines Lebens wurde der renommierte US-Publizist Walter Lippman gefragt, was er sich als mögliche Weltkatastrophe vorstellen könne. Er antwortete ohne Zögern: „Ein entfesseltes China." Die Gefahr, dass das Riesenreich an seinen inneren Widersprüchen scheitert, hat zwei Eckpunkte: Politik und Energie.

# IV. China – Doch nur ein Angstgegner?

# A) Schicksalsfrage Politik

## 1) Die Internet-Falle

Das gespaltene Verhältnis der chinesischen Führung zur boomenden Informations-Superwaffe „Internet“ zeigt ihr ganzes Dilemma auf: Einerseits notwendiges „Übel“ der Modernisierungspolitik, andererseits die Sorge, dadurch die Kontrolle über die Massen zu verlieren. Vom Satelliten-TV sagt man, dass es den Untergang des sowjetischen Europa-Imperiums durch das Hereinbrechen eines anderen Weltbildes ausgelöst hatte. Vom Internet heißt es, dass es als „Arena der Freiheit“ die Massen mobilisieren kann, was Chinas Führung bei den an sich gewollten antijapanischen Demonstrationen im Herbst 2004 mit sehr gemischten Gefühlen registriert hatte.

Seither gilt das Internet als Staatsfeind, dem mit einem Orwellschen Kontrollsystem – einzigartig in der Welt – zu Leibe gerückt wird. Ein Überwachungsapparat von 40.000 Internet-Polizisten („Cybercensors“) surft durch die digitale Welt der 120 Millionen Online-Nutzer und 300 Milliarden (!) SMS-Texte in China: Der „Große Bruder“ liest mit und löscht und blockt. Jede Website muss seit 30. Juni 2005 behördlich registriert sein, weil über Internet auch „Pornografie, Gewalt und Gedanken verbreitet werden, die den Geist des Volkes vergiften“. Schon vorher hatten die Behörden Tausende Internet-Cafés, in China „Netz-Cafés“ genannt, schließen lassen; ebenfalls mit der Ausrede der Jagd nach Pornografie, obwohl China ganz offiziell der weltgrößte Produzent von Sexspielzeugen ist. In den Netz-Cafés in Shanghai wurden Überwachungskameras installiert, und Besucher müssen sich unter Vorlage ihres Ausweises anmelden, damit kontrolliert werden kann, wer was im Internet sucht und verbreitet. Zudem müssen die Netz-Café-Betreiber mit Hilfe einer speziellen Software von den Gästen geöffnete Seiten für 60 Tage zusammen mit den Namen und Ausweisnummern der Benutzer archivieren.

Aber es kommt noch raffinierter: Die Cybercensors müssen gar nicht mehr mit Mouseclick arbeiten, sie haben Suchmaschinen, die Unliebsames automatisch herausfiltern; sozusagen „The Great Fire Wall“ als Gegenstück zu den regulären Suchmaschinen. Werden Worte wie „Demokratie“, „Tibet“, „Tiananmen“, „Freiheit“, „Menschenrechte“ und ähnliche sensible Begriffe eingetippt, erfolgt automatisch die Blockierung. Vor dem Jahrestag des Tiananmen-Massakers am 4. Juni 2005, an dem die Führung Demonstrationen fürchtet, wurden in den SMS-Systemen der Mobilfunkbetreiber Texte mit „Tiananmen“, aber auch mit den Zahlen „4“ und „6“ gar nicht versandt. Wer die Website von Amnesty International aufruft, erhält die Antwort „Netzwerkfehler“. Die Blockade fällt aber auch, wenn man den Namen des letzten Staats- und Parteichefs Jiang Zemin eintippt ...

Die internationale Internet-Freiheits-Organisation „opennetinitiative.net“: „China hat das ausgeklügeltste Internet-Filtersystem der Welt.“ Das wäre jedoch nicht möglich gewesen, hätten nicht so renommierte Internet-Größen wie „Microsoft“ die „Waffen“ dazu geliefert. Ja mehr noch: Bill Gates und andere verschafften sich den profitablen Marktzugang in China, indem sie ihre örtlichen Web-Portale chinesischen Zensurbestimmungen anpassten mit dem Argument: „Wir halten uns wie international üblich an örtliche Gesetzgebung.“ Bill Gates ist für sein chinesisches Web-Portal ein Joint Venture mit China Netcom eingegangen, das von Jiang Mianheng geleitet wird, Sohn des damaligen Staats- und Parteichefs Jiang Zemin ... (Der geschäftstüchtige Jiang junior hat auch ein Milliarden-Joint-Venture mit einem taiwanesischen (!) Unternehmen in Pudong.)

„Opennetinitiative.net“ prangert die doppelten Standards der US-Regierung an, die überall in der Welt die Meinungsfreiheit fordert: „Würden US-Firmen Waffen an China liefern, bekämen sie große Probleme. Für die Lieferung von Zensur-Software an China gibt es aber keine Hindernisse." Der Journalist Shi Tao war im Juni 2005 wegen Landesverrats zu zehn Jahren Gefängnis verdonnert worden. Er hatte an seinem Arbeitsplatz über ein vermeintlich anonymes E-Mail-Konto von Yahoo-China eine Dissidenten-Botschaft in die USA geschickt. Solche Konten sind allerdings in China nicht anonym, weil Yahoo & Co die Internetpolizei auf einer geheimen Suchmaschine mitlesen lassen. Ende 2005 wurden die Schrauben der Internet-Zensur sogar noch weiter angezogen. Erlaubt sind im Net jetzt nur noch „gesunde Informationen, die der Verbesserung der Qualität der Nation dienen". Verboten sind pauschal „dem öffentlichen Interesse zuwiderlaufende Nachrichten". Und um sich von US-Monopolisten wie Microsoft abzukoppeln und unabhängig zu machen, baut China nach Regierungsdirektive ein eigenes Software-System auf: „Red Flag Linux".

Bei der Jagd nach ideologischen Feinden ist die chinesische Führung jedenfalls konsequenter als bei der Jagd nach Produktfälschern und Raubkopierern, wie sie überhaupt seit jeher nichts unversucht lässt, mögliche Organisierung von Opposition schon im Keim zu ersticken. Wie lange wird sich Chinas junge Internet-Generation die Bevormundung gefallen lassen? Steckt nicht vielmehr das Regime in seiner eigenen (Internet-)Falle? Zur Erinnerung ein Zitat von Mao Zedong selig: „Der Kampf wird von Menschen entschieden, nicht von Maschinen." Die jungen chinesischen Internet-Virtuosen haben längst freie Umwege im Netz gefunden. Im Untergrund kursiert ein Handbuch zur Umgehung von Zensur im Net.

## 2) Das soziale Dilemma

*„Der Herrscher ist das Boot, das Volk das Wasser. Das Wasser, welches das Boot trägt, kann dieses auch zum Kentern bringen."*
Mahnung eines chinesischen Weisen an den Kaiser

Wann braut sich eine „kritische Masse" zusammen, die eine Kettenreaktion auslöst, wenn Modernisierungsgewinner und Modernisierungsverlierer zu den gleichen Interessen finden? In dem nationalen Entwicklungsrausch hat sich jedenfalls sozialer Sprengstoff im wahrsten Sinne des Wortes angehäuft. Nur ein Schlaglicht aus der offiziellen *China Daily:* Am 8. August 2005 sprengte sich in der Stadt Fuzhou der 42-jährige Bauer Huang Maojin in einem Autobus in die Luft. In dem Abschiedsbrief begründete er die Tat mit unrechtmäßiger Inhaftierung, mit unzureichender Spitalsbehandlung seines Lungenkrebsleidens, weil das Geld fehlt, und mit der Unmöglichkeit, das Schulgeld für die Kinder aufzubringen.

Ende 2005 überraschte *China Daily* mit einem Zeitungsartikel, der die Überschrift trug: „Einkommensunterschiede wurden alarmierend groß". Demnach akkumulieren in dem einst superegalitären kommunistischen China die 20 Prozent der Reichsten 80 Prozent des Reichtums, während sich die 20 Prozent der Ärmsten mit 4,7 Prozent begnügen müssen. Die Zahl der Dollar-Milliardäre hat sich laut *Forbes*-Magazin 2005 im Jahresabstand auf zehn mehr als verdreifacht. China ist nach Brasilien und Südafrika zu einem Staat mit extrem ungleicher Einkommensverteilung geworden. Die Schere zwischen Reich und Arm in der Gesellschaft sowie der entwickelten Küstenregionen und dem zentralasiatischen Binnenland hat sich auf 10 zu 1 vergrößert. Dabei erinnert sich der Autor noch genau an ein Treffen 1985 mit dem Reformpatriarchen Deng Xiaoping, der Ungleichheit zwar als bedauerliche Begleiterscheinung eines Entwicklungsprozesses bezeichnete, diese aber das verhältnis 7 zu 1 nicht überschreiten dürfe, weil sonst die Stabilität gefährdet wäre.

Noch immer sind etwa 100 Millionen Chinesen bereit, für weniger als zwei Dollar pro Tag zu arbeiten. Bei 25 Millionen Menschen ist der elektrische Strom noch nicht angekommen. Bis 2015 sollen allerdings die letzten Inseln extremer Armut beseitigt sein. Der Autor kann sich allerdings bei seinen Gesprächen und Kontakten des Endrucks nicht erwehren, dass sich wie im historischen China viel zu viele Chinesen, die es zu etwas gebracht haben – besonders wenn sie aus der alten Shanghaier Elite stammen –, kaum Sorgen über die Nöte des Bauernstands machen, der noch immer 800 der 1.300 Millionen Einwohner stellt. Elitedünkel aus einer 4.000 Jahre alten staatlichen Tradition prägt bis heute Chinas Gesellschaft. Sogar der ungeschnittene Nagel am kleinen Finger taucht wieder auf als demonstratives Zeichen, körperliche Arbeit nicht nötig zu haben. Als Beschützer der Armen hat der Staat enorm nachgelassen. Wie ließe es sich sonst erklären, dass es in China an die 600.000 Straßenkinder gibt, die von niemandem betreut werden und die vor allem nie einen Kindergarten oder eine Schule von innen zu sehen bekommen?

Das neue Führungsduo Hu und Wen hat den sozialen Korrekturbedarf erkannt und Maßnahmen eingeleitet. Ministerpräsident Wen spricht von China als einem Menschen, dem zwei ungleiche Beine gewachsen sind. 2005 musste die Hälfte der Bevölkerung noch immer mit umgerechnet 1.000 Dollar im Jahr zurechtkommen (Landesdurchschnitt 1.600 Dollar, Shanghai 6.700 Dollar). Im Jahre 2005 gab es 163 Millionen Renten- und 123 Millionen Krankenversicherte – bei 1,3 Milliarden Einwohnern. Der Durchschnitts-Chinese hat so gut wie keine angemessene Sozialversorgung, besonders auf dem Land. Landflucht verschärft das Dilemma in den Städten, wo man bald „lateinamerikanische Zustände" befürchtet, so die Parteijugendzeitung *China Youth Daily.*

Es knistert im gesellschaftlichen Gebälk. Laut Sicherheitsminister Zhou Yongkang war im Jahr 2004 die Zahl von „social unrests" und „mass incidents" auf 74.000 gestiegen. Daran beteiligt waren 3,7 Millionen Menschen. 2003 war die Zahl von gewaltsamen Zwischenfällen bei 58.000 gelegen, im Jahre 1994 bei 10.000. Der Wissenschaftler Sun Liping hat errechnet, dass in den ersten zehn Monaten des Jahres 2004 Demonstrationen mit mehr als hundert Teilnehmern in 337 Städten und 1.955 Landkreisen stattfanden. Das sind, vorsichtig geschätzt, 90 bis 250 Protestaktionen täglich. Im Juni 2005 kam es in der Stadt Chizhou in der Provinz Anhui zu schweren Ausschreitungen, als ein reicher Geschäftsmann mit seinem Auto einen Fahrradfahrer überfuhr. Ein spezieller Unruhefaktor ist auch das Wiederaufleben der alten Clan-Strukturen. Nicht selten fallen ganze Dörfer übereinander her. Das Mobiltelefon entwickelt sich zum Mobilisierungs- und Informationsfaktor.

Besonders schwer hat es der chinesische Kontrollstaat mit den 150 Millionen Wanderarbeitern. Wenn diese einmal Amok liefen, hülfe das ausgefeilteste Polizeistaatssystem nichts. Chinas Führung weiß natürlich aus der Geschichte, dass Bauernrevolten Dynastien gestürzt haben. Drei Maßnahmen wurden 2004 ergriffen: Abschaffung der Agrarsteuern, Geldanreiz für den Anbau von Getreide und Sicherheiten gegen willkürliche Delogierungen durch Bodenspekulanten, Parteiseilschaften, Regionalfürsten und Dorftyrannen – die Ursache von 90 Prozent aller Unruhen.

Ein blutiger Zwischenfall am 11. Juni 2005 im Dorf Shengyou, Provinz Hebei, 200 Kilometer südlich von Beijing, erregte sogar große Aufmerksamkeit der offiziellen Medien, weil ein Video (über Internet) an die Öffentlichkeit gelangt war. Es zeigt, wie ein angeheuerter Trupp von 300 Schlägern brutal Bauern von ihrem Land vertreibt. Traurige Bilanz: sechs Todesopfer. Die Bezirksverwaltung wollte dort eine Müllverwertungsfabrik errichten lassen. Die Antwort aus Beijing: Bezirksparteichef, Bürgermeister sowie Firmenchef wurden gefeuert und 22 Schläger der örtlichen Mafia verhaftet. Die Urbanisierung Chinas hat im letzten Jahrzehnt 40 Millionen Bauern die Landnutzung genommen. Im Dorf Maxinzhuang vor den Toren Beijings haben die Einwohner einen Monat lang öffentlich gegen die Requirierung ihres Bodens für die Olympiade 2008 protestiert. Die versprochene Kompensation drohe wie so oft auf dem Weg nach unten zu versickern, befürchten sie.

Aller Grund und Boden Chinas ist staatlich, um „Bodenspekulation" zu vermeiden. Das hat aber nur der behördlichen Korruption Tür und Tor geöffnet. So machten am 9. August 2005 in der Stadt Huanshi, 600 Kilometer westlich von Shanghai, an die 10.000 Menschen ihrer Wut Luft: Sie plünderten Amtsgebäude, demolierten Autos und blockierten die Autobahn nach Shanghai. Aber auch Umweltdesaster sind Ursachen sozialer Explosionen. Im Städtchen Dongyang gingen die Menschen auf die Barrikaden, weil dort ein „italienisches Seveso" drohte: 20.000 zornige Bürger gegen 3.000 Einsatzpolizisten. Es gab große Zerstörungen und viele Opfer. Die Chemiefabrik wurde „bis auf weiteres" geschlossen. Das ermunterte Wochen später die Bewohner von Xinchang, die örtliche „ausländische" Pharmafabrik zu belagern: „Die Produkte gehen ins Ausland, das Gift bleibt hier, weil sie solche Fabriken im Ausland überhaupt nicht bauen dürften!" Autobusladungen voll Einsatzpolizisten „befreiten" die Fabrik.

Als Ventil gegen wachsende Unrast hat Chinas Führung Demokratieexperimente auf lokaler und regionaler Ebene gestattet. Mehrere Kandidaten – die meisten ohnehin im engeren oder näheren Bereich der Partei – stellen sich zur Auswahl. Zusammenschlüsse zu übergreifenden politischen pressure groups sind nicht erlaubt. Alles muss von oben überschaubar bleiben.

Bei der Tagung des Zentralkomitees der KP im Oktober 2005 blies Staats- und Parteichef Hu zur Abkehr vom „grobschlächtigen Wachstumsmodell". Dramatische Fehlentwicklungen, mit denen das chinesische Wirtschaftswunder erkauft worden ist, sollen durch eine „Wende" korrigiert werden. Die Führung will jetzt vor allem soziale Akzente setzen. Ebenso soll der Energie- und

Rohstoffvergeudung Einhalt geboten werden, die sich in den Importkosten schon empfindlich niederschlägt – ganz zu schweigen von der Umweltverseuchung. Der Soziologe Ding Yuanzhu von der mächtigen „National Development and Reform Commission“ drängte im Parteiorgan *Volkszeitung* auf rasches Handeln: „Wirtschaftswunder bedeuten nicht automatisch Stabilität. Eine sehr schwere soziale Krise entwickelt sich oft zu einer Zeit, wenn die Wirtschaft ihre blühendste Stufe erreicht.“

Ende 2005 erregte in Beijing ein halboffizielles „Blaubuch“ von Gesellschaftswissenschaftlern erhebliches Aufsehen. Der 400-seitige Report der Akademie für Sozialwissenschaften warnt vor einer „Entwicklungsphase verschärfter Widersprüche“. Die Bereitschaft zu Protestaktionen habe sich vervielfacht. Das Jahr 2005 sei ein Jahr der Verkehrsblockaden, Belagerungen und Erstürmung von Partei- und Amtsgebäuden gewesen. Waren es früher Bauern, die gegen Landraub und Zerstörung ihres Lebensraumes mobil machten („Wir lassen uns lieber totschlagen als vergiften“), so gehen zusehends auch Proletarier auf die Straße oder missachten das Streikverbot wegen lebensgefährlicher Arbeitsbedingungen.

Li Yizhong, Chef des Staatsamts für Arbeitssicherheit, schockierte mit der Mitteilung, dass im Jahr 2005 in China 120.000 Menschen bei Arbeitsunfällen starben und 700.000 verletzt wurden. Er kündigte als „Aktion scharf“ für den 31. Dezember 2005 die Schließung von 4.000 illegalen Kohlegruben an. Diesmal sollen die Schließungen mit „eiserner Hand“ überwacht werden, nachdem frühere Schließungs-Kommissionen von lokalen und/oder privaten Funktionären an der Nase herumgeführt worden waren. Durch Chinas Kohlenflöze graben sich 3.000 staatliche Großbergwerke und 23.000 Kleinmienen.

Chinas Führung spekulierte bislang bei ihrer Gratwanderung erfolgreich auf den nationalen Konsens, den Aufstieg des Landes nicht aufs Spiel zu setzen. Nationaler Ehrgeiz schafft nationale Disziplin. Die chinesische Bevölkerung erlebt heute im Vergleich zu den letzten apokalyptischen 150 Jahren chinesischer Geschichte („fremde Teufel“, Kriege, Revolutionen, Hungersnöte) ein – relativ – goldenes Zeitalter. Ein Wanderarbeiter kann trotz aller Mühsal in der Stadt manchmal in einem Monat verdienen, was er zuhause am Land in einem halben Jahr verdient: im Durchschnitt pro Monat 40 Euro als Reisbauer, 100 Euro als Straßenarbeiter, 200 Euro als städtischer Bauarbeiter. Allerdings schulden chinesische Unternehmer ihren Arbeitern schon 14 Milliarden Dollar an ausstehenden Löhnen.

Das Lohnniveau steigt jährlich um 7 Prozent bei 2 bis 3 Prozent Inflation. Der britische Verleger und Publizist Lord Weidenfeld schrieb nach einer Reise durch China: „Trotz sozialer Spannungen sieht der ausländische Beobachter ein Volk voller Hoffnung.“ Allerdings: „Im Flüsterton bewundert man Intellektuelle, denen Meinungsfreiheit mehr bedeutet als Wohlstand.“ „Am Ende jeden Jahres geht es auch dem ärmsten Bauern etwas besser als am Beginn“, analysiert der deutsche China-Spezialist Eberhard Sandschneider.

Peggy Lu, die Gründerin von Chinas E-Commerce-Plattform „dangdang.com“, formulierte auf dem „Global Forum 2005“ in Beijing Chinas nationale Prioritäten auf pragmatische Weise: „Ungleiche Einkommen sind ein geringeres Problem als allgemeine Armut.“

## 3) Der gesundheitspolitische Kollaps

Eine besondere Schattenseite von Chinas „sozialistischer Marktwirtschaft“, so die offizielle Bezeichnung, ist der Kollaps der breiten medizinischen Versorgung unter dem Druck kapitalistischen Profitstrebens. Gesundheit ist aber keine Ware, die sich für zügellose Marktwirtschaft eignet. Die Weltgesundheitsorganisation reiht China bereits unter die „ungerechtesten gesundheitspolitischen Systeme“. Es ist ein Rückfall in alte und älteste Zeiten: Geld bestimmt das Leben im wahrsten Sinne des Wortes. Laut einer Erhebung des chinesischen Gesundheitsministeriums 2004 konnten 14 Millionen Menschen, die eines Spitalsaufenthalts bedurft hätten, sich diesen nicht leisten. Krankenhausaufenthalte stürzen ganze Familien in Schulden. Dies gilt auch für Arztbesuche und Medikamente. Fälle von Selbstmord häufen sich. 80 Prozent der ländlichen Bevölkerung sind ohne Schutz irgendeiner Form von Krankenversicherung, bei der städtischen Bevölkerung ist das wenigstens zur Hälfte der Fall, aber auch nur für minimale Leistungserstattung in Notfällen.

Die Misere hat sich derart dramatisch verschärft, dass sogar die offiziellen Medien nicht mehr länger über haarsträubende Missstände schweigen müssen. So durfte im August 2005 die Professorin Li Ling vom Wirtschaftsforschungszentrum der Universität Beijing mit der Regierungspolitik hart ins Gericht gehen, was auf grünes Licht zumindest in einem Teil von Chinas Führung schließen lässt: Maos Erbschaft sei eine breite, wenn auch bescheidene, medizinische Versorgung gewesen. Die Regierung habe sich völlig aus der medizinischen Versorgung zurückgezogen. Der staatlich-öffentliche Anteil an den nationalen Gesundheitskosten sei von 100 Prozent auf 16 Prozent gesunken, während er sogar in den USA 40 Prozent betrage. Öffentliche Spitäler seien nur gegen Geld zugänglich, und die Ärzte präsentierten horrende Rechnungen. Gesundheit werde zügellosen Marktwirtschaftsmechanismen ausgeliefert: Große Nachfrage – knappes Angebot – hoher Preis. Sogar in den Geburtsstationen, so Frau Li, würde rekordverdächtig oft zum Kaiserschnitt gegriffen, nur um die Rechnung aufzufetten.

Die gesundheitspolitische Grundversorgung der Bevölkerung ist nicht mehr gewährleistet. Neue oder schon für ausgerottet gehaltene Seuchen sind wieder im Vormarsch oder sind, wie Vogelgrippe und SARS, nur mit großer Verzögerung in den Griff zu bekommen. Die Zeche müssen auch wir in Europa zahlen …

*Alt und Neu – in China kein Widerspruch:*
*Durch Modernisierung zurück zu alter Größe.*

*Sprung in die Zukunft, wie ihn die Geschichte noch nicht gesehen hat: Viele kommen bei diesem atemberaubenden Tempo nicht mehr mit.*

430 Stundenkilometer: Die (deutsche) Transrapid-Magnetschwebebahn, einzigartig in der Welt, verbindet Shanghai mit dem Flughafen.

*Shanghai ist das Aushängeschild der chinesischen Modernisierungspolitik: Heute das New York Asiens, morgen die Metropole der Welt?*

*Stadtautobahn-Brücke in Shanghai: Dem Wagemut der chinesischen Zukunftsgeneration sind keine Grenzen gesetzt.*

*American way of life im Reich der Mitte:*
*Weiß Chinas Führung, wo ihr mutiger Weg der Öffnungspolitik enden könnte? Asiens Jugend huldigt dem globalen Lebensstil, ohne allerdings die alten asiatischen Werte preiszugeben.*

*Schock in den USA, als der China-Konzern „Lenovo“ die PC-Sparte der amerikanischen Computer-Legende „IBM“ schluckte.*

*Unmenschlich war die Arbeit der Schlepper in den Schluchten und durch die Stromschnellen.*

*Der Drei-Schluchten-Damm hat den Yangtse-kiang gezähmt. Das Flusskraftwerk ist das derzeit größte Bauwerk der Welt. Modernisierungspolitiker im Reich der Mitte nennen es Chinas „Neue Große Mauer",Umweltschützer können nicht genug vor negativen Folgen warnen.* →

*Chinas Bergwerke sind die gefährlichsten der Welt.*
*Am schlimmsten sind die vielen kleinen,*
*oft privaten Kohlegruben.*

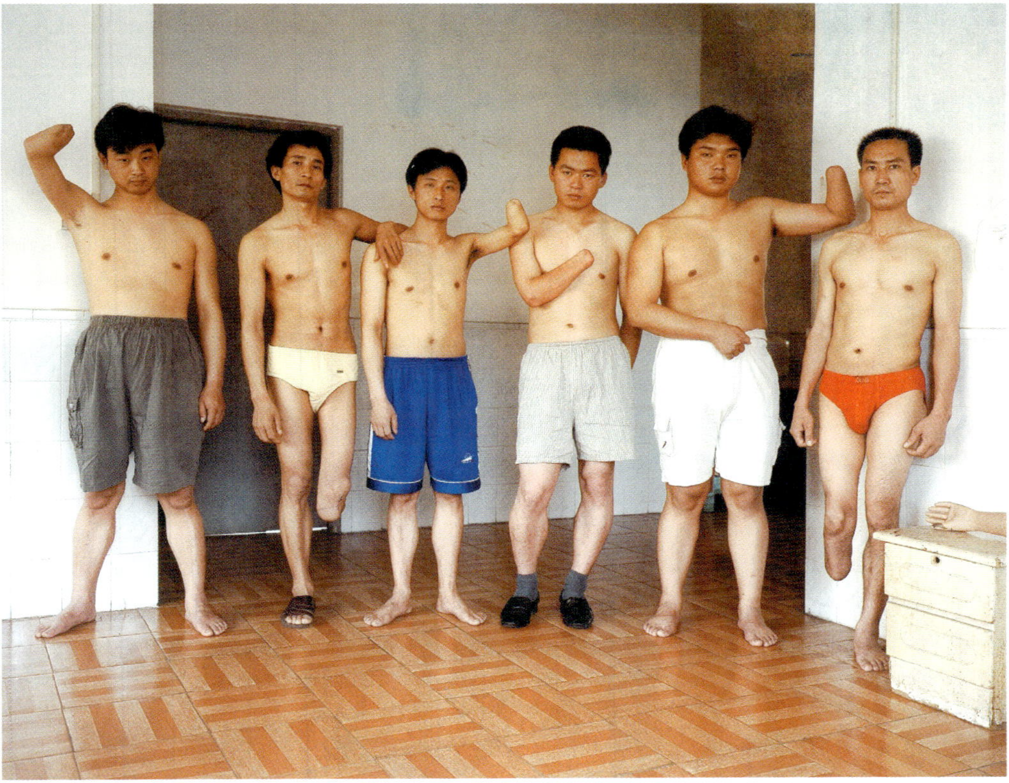

*Hoher Preis für wirtschaftliche Wachstumsrekorde:*
*Opfer von Arbeitsunfällen*
*müssen um Entschädigungen kämpfen.*

*Sozialer Sprengstoff:*
*150 Millionen Wanderarbeiter haben ein kärgliches Los, sind aber glücklich, Geld nach Haus bringen zu können.*

*Wasser ist die Achillesferse Chinas:* →
*Die Umweltkatastrophe hier in Harbin hatte 9 Millionen Menschen den Trinkwassernotstand beschert.*

哈尔滨消防

*Die Falun-Gong-Sekte sieht das Regime als größte politische Herausforderung. Polizisten auf dem Tiananmenplatz sind mit Feuerlöschern ausgerüstet, um weitere Selbstverbrennungsaktionen zu verhindern.*

*Proteste auf dem Tiananmenplatz
werden in Sekundenschnelle im Keim erstickt.
Fotografieren, wie bei dieser heimlichen Aufnahme,
ist dabei verboten.*

*Fremde Welt:*
*Im chinesischen Nanjing demonstriert die politische Führung „korrektes Hinrichten“ in einer öffentlichen Übung.*

*Geld regiert China, und Mao Zedong hat sich im Volksglauben zum Reichtumsgott (!) gemausert.*

*Ost-Kathedrale in Beijing:*
*Religion wird heute geduldet, wenn sie sich*
*strenge Aufsicht gefallen lässt.*

*Das Christentum, früher* →
*streng verboten, erlebt heute eine erstaunliche Renaissance:*
*Gläubige bei der Totenmesse für Papst Johannes Paul II.*

*Der Islam hat in China tiefe historische Wurzeln und zeigt sich auch hier mit neuem Selbstbewusstsein.*

*Grüner Halbmond über China:*
*Der Islam prägt die Kultur der Minderheitsvölker an der zentralasiatischen Flanke des Reichs der Mitte; für das Regime in Beijing ein explosives Problem der nationalen Einheit.*

*China hat mit einer Dschunkenflotte Jahrzehnte vor Columbus fremde Kontinente entdeckt. Das Flaggschiff des Genueser Seefahrers nimmt sich aus wie eine Nussschale im Vergleich zu den chinesischen Neunmastern, den größten Segelschiffen, die je gebaut wurden.*

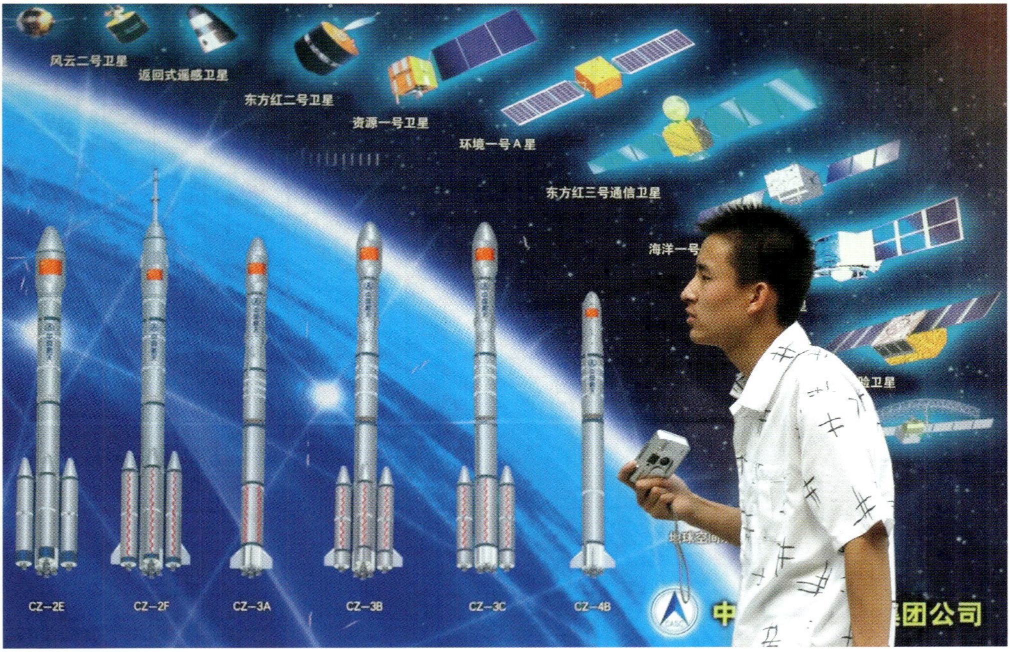


*Heute liegen Chinas neue Ufer im Weltraum.*

← *Denkmal des „chinesischen Columbus“, Admiral Zheng He. Der moslemische Eunuch war 1405 im Auftrag des Ming-Kaisers auf einer Dschunken-Flotte mit 28.000 Mann Besatzung in die Weltmeere aufgebrochen.*

*George Bush und Hu Jintao machen – noch – ein freundliches Gesicht zum Duell der Giganten USA – China.*

*Chinas Massenproduktions-Potenzial bringt die Weltwirtschaft aus dem Gleichgewicht und geht vor allem auf Kosten der USA.*

*Verkehrskollaps in Beijing.*

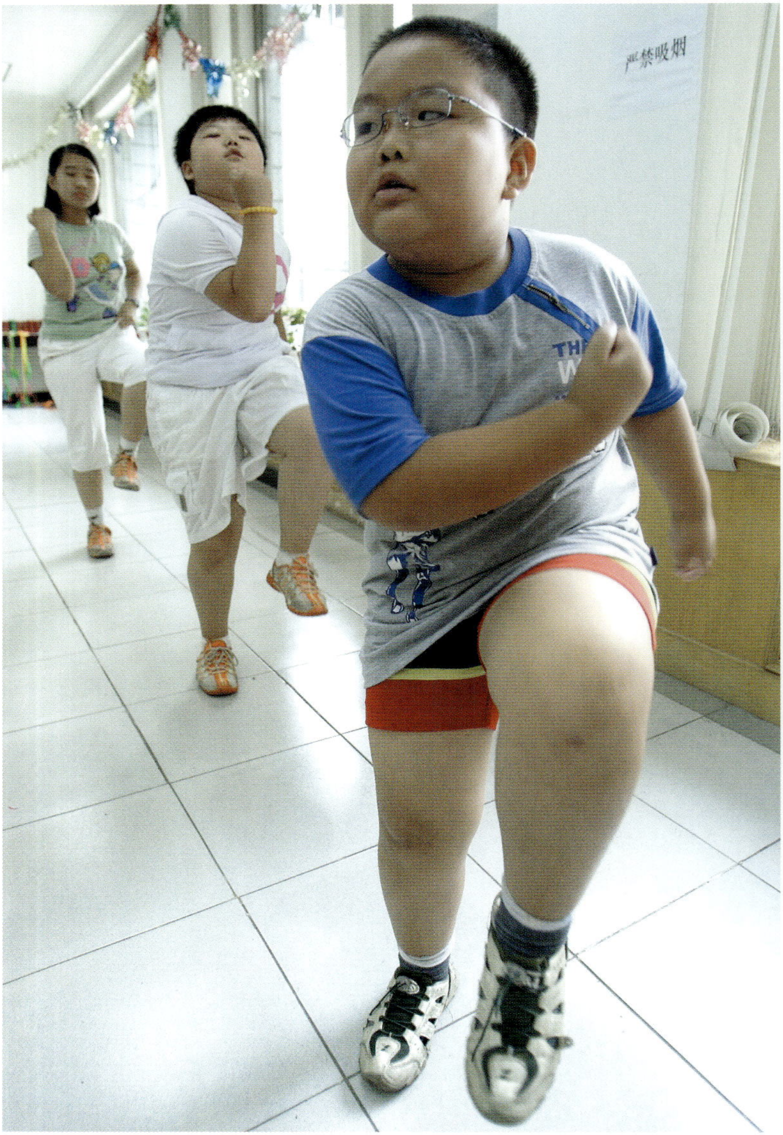


*Ein-Kind-Politik und neuer Wohlstand:*
*Die „kleinen Kaiser“ sind zu dick!*

*Die einzige Revolution, die erlaubt ist und nachhaltigen Erfolg hat: Im Sex sind (fast) alle Tabus gefallen. Die Sportmodeschau für Olympia 2008 ist dabei eine der harmloseren Art.*

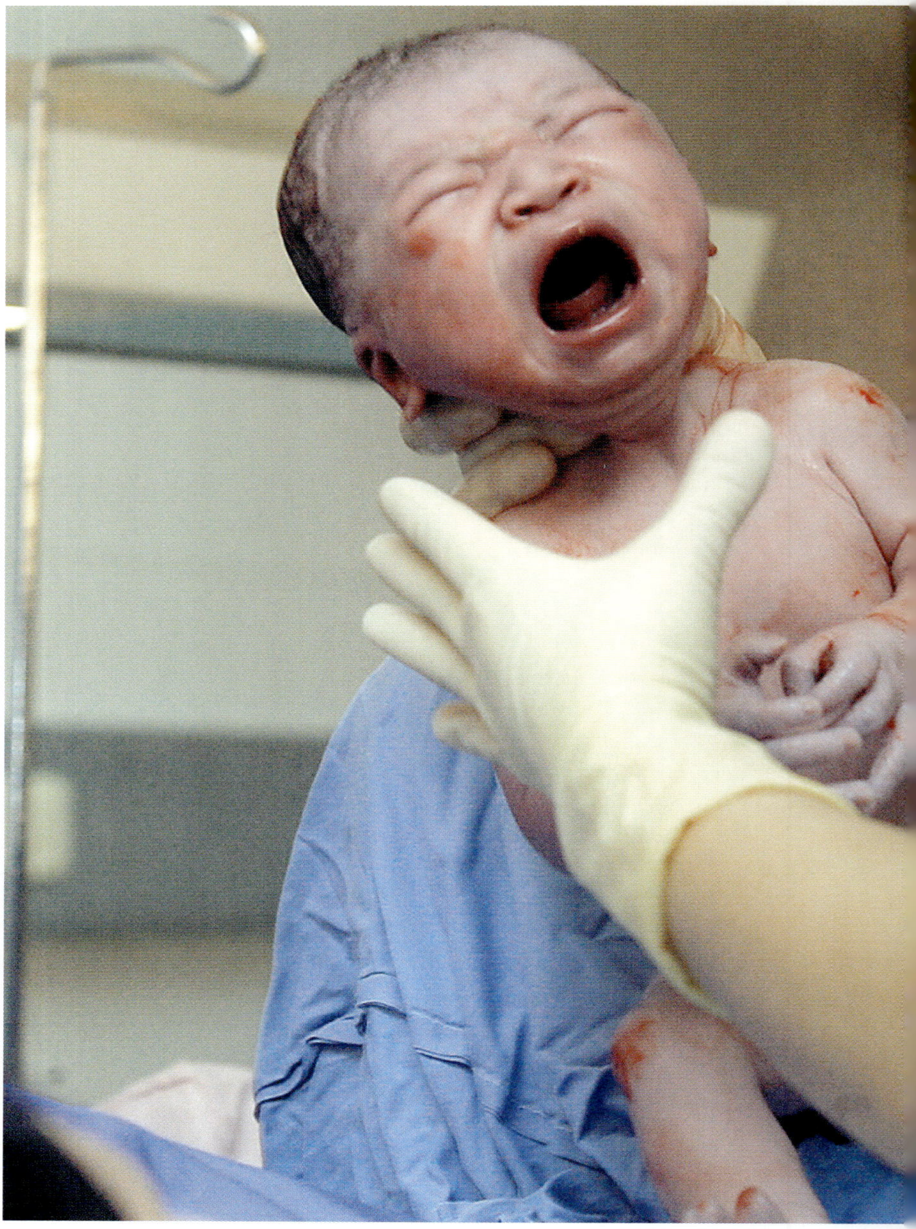

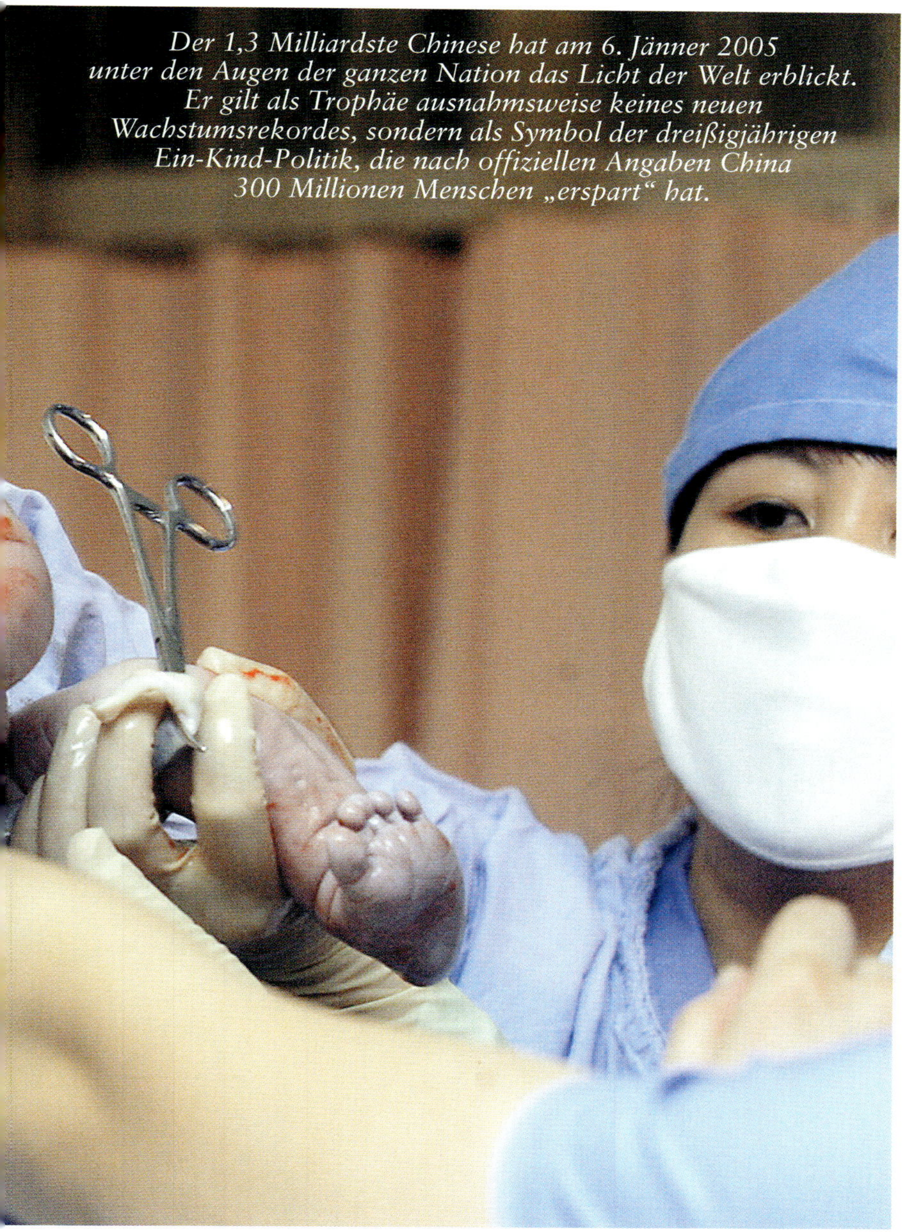
Der 1,3 Milliardste Chinese hat am 6. Jänner 2005
unter den Augen der ganzen Nation das Licht der Welt erblickt.
Er gilt als Trophäe ausnahmsweise keines neuen
Wachstumsrekordes, sondern als Symbol der dreißigjährigen
Ein-Kind-Politik, die nach offiziellen Angaben China
300 Millionen Menschen „erspart" hat.

*Autor Kurt Seinitz erlebte*
*1999 Staats- und Parteichef Jiang Zemin in bester Laune.*
*Chinas Führer legen sich normalerweise bei offiziellen Terminen*
*große Zurückhaltung auf.*

ABBILDUNGSNACHWEIS

Tower of Oriental Pearl, Shanghai: APA-Images/Franz Neumayr. Müllsammler: AP. Silhouette Shanghai: contrast. Transrapid: APA-Images/Shen Yu. Nan Pu-Brücke: contrast/Ouyang He. McDonald's: AP/Greg Baker. Firmentreffen Lenovo und IBM: Reuters/Claro Cortes IV. Bootszieher: Reuters. Drei-Schluchten-Damm: APA-Images/Wangkangming. Kohlebergarbeiter: APA-Images. Verstümmelte: laif/Michael Wolf/STERN. Wanderarbeiter: APA-Images/Wu Hong. Trinkwasser-Notstand Harbin: AP. Militärpolizisten: AP/Greg Baker. Dissidentin am Tiananmen-Platz: AP/Greg Baker. Übung einer Hinrichtung: AP. Geldbündel: Reuters. Ost-Kathedrale, Beijing: AFP/Frederic J. Brown. Betende: AFP/Frederic J. Brown. Betende Moslems: APA-Images/Michael Reynolds. Donguan-Moschee, Xining: APA-Images/Michael Reynolds. Chinesischer Neunmaster mit „Santa Maria": Jan Adkins Studio. Admiral Zheng He: AFP. Raketen- und Satelliten-Illustration: AP. George W. Bush und Hu Jintao: Reuters/Kevin Lamarque. Textilfabrik: Reuters/Jason Lee. Verkehrsstau: APA-Images. Übergewichtige Kinder: Reuters/Guang Niu. Models: AP/Ng Han Guan. Geburt: AFP. Kurt Seinitz mit Jiang Zemin: Kronenzeitung/Martin A. Jöchl.

## 4) Provinzfürsten – Wo die Macht zuhause ist

Kaum geringer als die Sorge der Führung in Beijing, die Kontrolle über die Massen zu verlieren, ist die Sorge der Führung, die Kontrolle über die Gouverneure und deren regionale Seilschaften zu verlieren. Pessimisten sprechen schon von einem Warlord-Syndrom. Das ist umso erstaunlicher, als sich die gesamte Machthierarchie in der Hand einer Partei befindet. Aber wie hatte es schon der legendäre Ministerpräsident Zhou Enlai 1972 dem Autor gegenüber in einem Wortspiel formuliert: „Jedes Land hat mehrere Parteien. Und wenn es aus historischen Ursachen nur eine Partei hat, dann hat es diese eben in dieser einen Partei." Die politische Gewalt der zentralen Führung besteht aus Lenkungsmöglichkeiten, die reale Macht im weiten Land besteht aus Beharrungsmöglichkeiten; getreu dem altchinesischen Motto: Oben werden die Entscheidungen getroffen, unten werden die Gegenmaßnahmen getroffen. Das reicht vom Aushandeln des Steueraufkommens der Provinzen mit der Zentrale bis zu den Schwierigkeiten der zentralen Führung, die Konjunkturbremsungsmaßnahmen in den Regionen durchzusetzen. Jeder Provinzfürst will für noch höhere Karriereaussichten sein eigenes Wirtschaftswunder vorzeigen können. Von dort kommt auch der Widerstand gegen die Schließung maroder Dinosaurier-Betriebe des Staatswirtschaftssektors oder umweltschädigender Betriebe, denn das bedeutet Arbeitsplatzverluste, deren Verantwortung den lokalen Machthaber zuerst trifft. Aus diesem Dilemma entstand die interessante Symbiose zwischen der zentralen Führung in Beijing und Greenpeace, an welcher der Österreicher Alexander Egit in der chinesischen Hauptstadt maßgeblich beteiligt ist: „Umweltschutzpolitische Vorgaben aus Beijing werden oft von den Regionalchefs einfach ignoriert. Wir helfen durch Aufzeigen von Missständen."

In dieses Kapitel fällt auch die hemmungslose Ausbeutung von Rohstoffen auf Kosten von Menschenleben. Sicherheitsstandards werden ignoriert, Privatunternehmer schinden Bergleute, und die ärgsten Tragödien ereignen sich in Kohlegruben, deren Schließung Beijing wegen Sicherheitsmängeln längst angeordnet hatte. So war ein Katastrophenbergwerk von den Regionalbehörden sogar illegal durch „Privatisierung“ wiedereröffnet worden – bis zur zweiten Tragödie.

Einen „handfesten“ Beweis der Machtwillkür regionaler und lokaler Behörden bekamen im Oktober 2005 in der Stadt Linyi in der Provinz Shandong der blinde Dissident Chen Guangcheng und eine Gruppe von Rechtsanwälten aus Beijing zu spüren. Sie wurden von Polizisten und angeheuerten Schlägertrupps schwer misshandelt. Der Dissident Chen führt einen Kreuzzug gegen Zwangssterilisierung und Zwangsabtreibung. Laut chinesischem Gesetz sind Zwangsmaßnahmen in der Familienplanungspolitik verboten. Provinzbosse wollen aber Erfolgszahlen in der Erfüllung der Ein-Kind-Politik in Beijing vorweisen. Die zentrale Behörde für Familienplanung musste die Ungesetzlichkeit des Vorgehens gegen Chen und seine Mitstreiter einräumen, Disziplinarmaßnahmen gegen die Täter in Linyi und ihre Hintermänner wurden allerdings keine gemeldet.

In der Provinz Guandong, dem „Wilden Süden“ Chinas, wurden von korrupten und unfähigen Beamten zwischen 2000 und 2004 umgerechnet elf Milliarden Dollar veruntreut, rügte eine Untersuchungskommission der Zentralbehörden in Beijing: „Festbankette, Geschenke, Transfer auf Privatkonten …“, liest sich das Sündenregister. 71 Regionalbonzen wurden degradiert, 36 entlassen, 105 diszipliniert, 231 der Justiz übergeben. Wie dieses Durchgreifen gelang? Mit einem Trick: 747 Beamte wurden dafür (anonym) belohnt, dass sie untreue oder unfähige Kollegen bei der Untersuchungsbehörde anzeigten …

Das China der Provinzbosse ist das China mit dem hässlichen Gesicht. Beijing kann es sich aber nicht leisten, diese so ohne weiteres zu verprellen. Eine Gefahr für Chinas Einheit besteht jedoch nicht. Auch wenn das Reich der Mitte in seiner langen Geschichte oftmals desintegriert war, so fand es doch immer wieder, entsprechend dem Yo-Yo-Effekt, zusammen.

## 5) Blut und Tränen – Made in China

Seien wir froh, dass Chinas Führung wenigstens bei ihrer Auffassung von Menschenrechten auf Exporterfolge verzichtet. Geschätzte fünf Millionen Häftlinge in Arbeitslagern, davon etwa 4.000 politische Dissidenten, ergänzen die wirtschaftlichen Exporterlöse Chinas. Streikverbot sowie Lohn- und Sozialdumping in chinesischen Fabriken tragen dazu bei, Produkte konkurrenzlos billig herzustellen. Chinesische Unternehmer übertreffen zuweilen die ärgsten kommunistischen Propaganda-Zerrbilder von kapitalistischen Ausbeutern. Westliche Unternehmen in China und ihre Standards in den Betrieben, unter scharfer Beobachtung der Gewerkschaften im Westen, genießen daher bei den Arbeitern einen besseren Ruf als einheimische Kapitalisten. Allerdings pflegen westliche Investoren, wenn es nicht auffällt, die „Schmutzarbeit" an chinesische Unternehmer auszulagern.

Das Label „Made in China" an unseren Importprodukten ist viel zu viel mit Blut und Tränen belastet. Der Exil-Dissident Harry Wu, der 19 Jahre im Gulag der chinesischen Lagerwelt verbrachte, hat es am eigenen Leib spüren müssen. In jedem der 12 Arbeitslager („Umerziehung durch Arbeit"), die er „durchlief", war er in einem anderen Produktionszweig eingesetzt: Chemikalien, Eisen, Kohle – alles für den Export. Im Auftrag einer renommierten Kleidermarke wurden von 1.500 Häftlingen Knöpfe angenäht oder Kunstblumen zusammengesteckt, an deren Anblick wir uns erfreuen. Beim Zusammensetzen der Eisenklammern hatten die Häftlinge abends blutige Hände. Die Selbstfinanzierung des chinesischen Gefängnissystems – schlechtes Essen inklusive – entlastet den Staatshaushalt enorm.

Ein ehemaliger politischer Gefangener, der verständlicherweise nicht genannt sein möchte, berichtet über seinen Leidensweg: „Ich wurde am 13. Jänner 1998 unter der Anklage der Bedrohung der nationalen Sicherheit in einem Lager eingeliefert. Kaum war ich dort angekommen, umstellten mich einige Männer und fingen an, mich zu schlagen und nahmen mir meine Sachen weg. Das ist dort so üblich. Nachts weckten die Aufseher uns Gefangene auf, ließen uns antreten und schlugen uns mit Holzstöcken. Alle heulten unter den Schmerzen. Bevor sie losschlugen, hatten Polizisten und Aufseher reichlich Alkohol zu sich genommen und Gelage veranstaltet. Essen und Getränke wurden von dem Geld bezahlt, das die Aufseher den Häftlingen weggenommen hatten. Das ganze Jahr über gab es nur flüssiges ‚Congee' aus Mehl und ein Stück chinesisches Brot zum Frühstück. Mittag- und Abendessen waren noch erbärmlicher. Auf der Tafel stand die Speisekarte für mehrere Wochen – mit wesentlich besserem Essen."

Im Oktober 2004 veröffentlichte die Falun-Gong-Organisation im Ausland Videoaufnahmen von Wang Xia, einer Frau, die kurz zuvor aus einem Gefängnis in Hohot in der Inneren Mongolei entlassen worden war, wo sie zwei Jahre einer siebenjährigen Freiheitsstrafe wegen Verteilung von Falun-Gong-Werbematerial verbüßt hatte. Sie sah ausgemergelt aus, und ihr Körper wies mehrere Narben auf. Ihren Angaben zufolge hatte man sie in der Haft an ein Bett gefesselt, an der Decke aufgehängt, geschlagen, ihr unbekannte Substanzen injiziert und sie mit Elektroschocks gepeinigt, nachdem sie aus Protest gegen ihre Verhaftung in den Hungerstreik getreten war.

2005 erlaubte Chinas Führung dem UNO-Sonderberichterstatter über Folter, dem Österreicher Manfred Nowak, einen Inspektionsbesuch in den Gefängnissen; zwar nicht ganz nach seinen Wünschen, aber immerhin ein großer Fortschritt. Nach seiner Reise zog Manfred Nowak Bilanz über den Widerspruch zwischen offiziell verbotener Folter und der Praxis: „Die Menschenrechtslage in China hat sich gebessert, doch vieles liegt noch im Argen. Folter ist nach wie vor weit verbreitet, zwar nicht so sehr zum Erpressen von Geständnissen, aber nach dem Urteil – oft jahrelang – für eine gezielte Gehirnwäsche, zum Brechen des freien Willens, zum Bekenntnis, Schuld auf sich geladen zu haben, zur so genannten Umerziehung. Zum Beispiel tagein, tagaus schweigend mit gesenktem Kopf auf einem Schemel sitzen zu müssen, jahrelang."

Ein besonders düsteres Kapitel ist der Organhandel mit „frisch" Hingerichteten. Aus dem Westen werden aus Privatkliniken Patienten zur Organtransplantation nach China geflogen. Für Nachschub sorgt die exzessive chinesische Blutgerichtsbarkeit – Fehlurteile inklusive nach erpressten Geständnissen.

Wo werden die meisten erfolgreichen Leber- und Nierentransplantationen Chinas durchgeführt? In den Krankenhäusern Nr. 1 und Nr. 3 der Zhongshan-Universität in Guangzhou. Das erste ist eines der größten Spitäler Chinas. Es hat sich zu einem Lebertransplantationszentrum entwickelt. Ein Reporter von „Radio Free Asia", der sich als „Kunde" ausgab, rief dort am 30. Mai 2005 eine Kontakttelefonnummer an und zeichnete das Gespräch am Band auf. Reporter: „Wie lange muss man auf eine Lebertransplantation warten?" Sprecher: „Kommt darauf an, wie viel Glück sie haben. Mit Glück eine Woche, mit weniger Glück einen Monat." Reporter: „Wie viel kostet die Organtransplantation?" Sprecher: „Wenn alles gut läuft, zwischen 200.000 und 300.000 Renminbi" (20.000 bis 30.000 Euro). Reporter: „Von welchen Spendern kommt die Leber?" Sprecher: „Darüber müssen Sie sich keine Sorgen machen." Reporter: „Es heißt, die Organe kommen auch von Hingerichteten ohne Zustimmung ihrer Familien. Ist das legal?" Sprecher: „Können wir bitte nicht mehr über die Spender reden. Wir haben das Problem, die Organe zu bekommen, gelöst, und das schon seit langer Zeit."

## 6) Rechtsstaat statt Willkürherrschaft?

*„Staatsverfassungen lassen sich nicht auf Menschen aufpfropfen wie Schösslinge auf Bäume. Wo Zeit und Natur nicht vorgearbeitet haben, da ist's, als binde man Blüten mit Fäden an. Die erste Mittagssonne versengte sie."*

Alexander von Humboldt, 1791, als Warnung vor der Nachahmung der französischen Revolutionsverfassung

Dieser Meinung sind auch Chinas Politiker und konforme Akademiker bei ihren Bemühungen, durch Annäherung an rechtsstaatliche Formen die Willkür einzuschränken. Sie werden nicht müde zu betonen, dass China Gewaltenteilung und andere westliche Rechtsstaatselemente „nicht blind übernehmen" kann. Ähnlich denkt das autoritäre Regime in Singapur, nur dass dort in konfuzianischer Tradition strikte Gesetzlichkeit zum Herrschaftsprinzip erhoben ist. Der chinesische Weg zu mehr Kontrolle über Willkür wird daher ebenfalls über traditionelle Ordnungskonzepte entwickelt werden. Ziel der Staatspartei ist die „sozialistische Gesetzesherrschaft", wächst doch der gesellschaftliche Druck, Gesetzesnormen, wie die Einklagbarkeit von Behördenentscheidungen, über den bisherigen vornehmlich wirtschaftsbezogenen Rahmen hinaus zu erweitern. Robert Heuser, Professor für chinesische Rechtskultur in Köln, nennt Beispiele, die bei uns, aber bisher nicht in China alltäglich sind: Ein Lehrer klagte erfolgreich gegen seine Frühpensionierung, oder ein gehbehinderter Schüler klagte erfolgreich auf sein Recht auf Bildung. Ebenso steht die Steuer- und Abgabenwillkür lokaler Behörden mehr und mehr unter dem juristischen Druck von Landbewohnern.

Rechtsanwalt wird in China ein Berufsstand mit Zukunftsaussicht, auch wenn kürzlich einer, der private Ölbohrer bei der Verstaatlichung des Erdölfeldes im Entschädigungsstreit vertrat, wegen „ungebührlichen Drucks" auf die Behörden verhaftet worden war. Er wurde aber später von einer höheren Instanz auf freien Fuß gesetzt – immerhin ein Fortschritt zu den Auffassungen von 1978, als man Rechtsanwälte als „nicht nötig“ erklärt hatte. Sie würden nur versuchen, Gewinne herauszuschlagen und Kriminellen und Klassenfeinden helfen, sich vor der gerechten Strafe zu drücken. 1999 gab es schon 8.600 Rechtsanwaltskanzleien und über 100.000 Anwälte.

Ebenso wie Journalisten leben in China Rechtsanwälte, wenn sie die verschwommenen Grenzen des Erlaubten ausreizen wollen, nicht ungefährlich – sowohl vor kriminellen als auch vor politischen Nachstellungen. Mehrere Rechtsanwälte haben sich darin einen landesweiten Namen gemacht. Der Anwalt Zhou Litai kämpft spektakulär um Entschädigungen für Opfer von Arbeitsunfällen. Das gefällt sowohl Unternehmern als auch Parteifunktionären gar nicht.

Zhou Litai steht mit dem einen Fuß im Gefängnis und mit dem anderen im Grab, dennoch: „Ich möchte der Gesellschaft ihre Würde geben.“

Sein ebenso engagierter Kollege Gao Zhishen, der die Behörden quält und dabei viel riskiert („Man kann in diesem Land nicht das Recht vertreten, ohne selbst ein Rechtsfall zu werden“), nimmt sich kein Blatt vor den Mund: „Die meisten Beamten sind im Grunde genommen Mafiabosse, die mit extrem barbarischen Methoden die Menschen terrorisieren, um sie davon abzuhalten, von ihrem Recht Gebrauch zu machen.“ So wurden im Oktober 2004 in Hohot Studenten der größten Universität der Inneren Mongolei daran gehindert, ein Rockkonzert einer bekannten Musikgruppe zu hören. Die Hochschüler hatten sich gegen die Privatisierung des Dschingis-Khan-Mausoleums, eines Symbols der nationalen Identität der Mongolen, eingesetzt. Zahlreiche Studenten wurden als Sympathisanten der Band verhaftet. Im ostchinesischen Wenzhou und südchinesischen Guangzhou kam es im November desselben Jahres zu Übergriffen der Polizei gegen mehrere hundert Arbeiter, die für die Auszahlung ausstehender Löhne protestierten, im ostchinesischen Nanjing gegen mehr als

500 Fabrikarbeiter, die gegen die Privatisierung ihres Unternehmens protestierten, weil diese mit Stellenabbau verbunden sei. In Sichuan hingegen wurden die regionalen Behörden nach Bauernunruhen gegen Zwangsumsiedlungen und unzureichende Entschädigungszahlungen von der Zentralregierung angewiesen, die Meinung der Massen zu hören und deren Interessen zu wahren. Entschädigungen sollen künftig das Dreißigfache des Ertrags des Ackerlands betragen, und Stadtbewohnern wird der Erwerb von Bauernland zur Errichtung von Eigenheimen untersagt.

Ein Ventil gegen Unrecht ist das Petitionswesen, das in China lange Tradition hat. Daraus hat sich in den letzten Jahren eine Lawine entwickelt. Bei sämtlichen Gerichten Chinas liegen schon vier Millionen Petitionen, oft verbunden mit Reisen in die Hauptstadt „zum Kaiser" – ebenfalls eine historische Tradition. Wie ein Sprecher des Staatlichen Büros für Briefe und Bittgesuche mitteilte, sind 80 Prozent der eingereichten Petitionen ihres Inhaltes nach „berechtigt". Wer allerdings auf dem Tiananmen-Platz seiner Bitte Nachdruck verleihen möchte, wird sofort aus dem Verkehr gezogen …

Ein besonderes Kapitel ist die exzessive Anwendung der Todesstrafe. Nach chinesischen Medienberichten über die große Zahl von Fehlurteilen sind Provinzgerichte angewiesen worden, jedes Todesurteil an den Obersten Gerichtshof in Beijing weiterzuleiten.

Aus dem Amnesty-International-Jahresbericht 2005: „Auf einigen Gebieten waren gewisse Fortschritte in dem Bemühen um Reformen zu verzeichnen, ohne dass dies allerdings eine wesentliche Verbesserung der Menschenrechtslage herbeigeführt hätte. Dazu zählen neue Bestimmungen, welche Folter in Polizeigewahrsam verhindern sollen. Ausbleibende Durchführungsbestimmungen haben jedoch die praktische Umsetzung der neuen Vorschriften erheblich erschwert."

Alles in allem: Der Drache bewegt sich, aber im Schneckentempo. Andererseits hat Hongkong sein Rechtsstaatssystem nach westlichen Maßstäben beibehalten dürfen.

## 7) Der „70/30"-Trick mit Mao

*„Der Schüler Zi-lu sprach zu Konfuzius: ‚Wenn Euch der Herrscher des Staates Wei die Regierung anvertraute – was würdet Ihr zuerst tun?'*
*Der Meister antwortete: ‚Unbedingt die Namen richtig stellen.'*
*Darauf Zi-lu: ‚Damit würdet Ihr beginnen? Das ist doch abwegig. Weshalb eine solche Richtigstellung der Namen?'*
*Der Meister entgegnete: ‚Stimmen die Namen und Begriffe nicht, so ist die Sprache konfus. Ist die Sprache konfus, so entstehen Unordnung und Misserfolg. Gibt es Unordnung und Misserfolg, so geraten Anstand und gute Sitte in Verfall. Sind Anstand und gute Sitte in Frage gestellt, so gibt es keine gerechten Strafen mehr. Gibt es keine gerechten Strafen mehr, so weiß das Volk nicht, was es zu tun hat und was es lassen soll. Darum muss der Edle Begriffe und Namen korrekt benutzen und auch richtig danach handeln. Er geht mit seinen Worten niemals leichtfertig um.'"*

Konfuzius, „Gespräche" (Lun-yu), XIII/3

Japans „Auschwitz" liegt in Nanjing (Nanking), der Hauptstadt der Republik China bis 1949. Die dortige Erinnerungsstätte für das Nanking-Massaker mit 300.000 Opfern liegt über der zum Teil freigelegten Begräbnisstätte, wo die Japaner Zehntausende verscharrt hatten. Ebenso viele Chinesen pilgern jährlich an diesen Schreckensort, um ein patriotisches „Niemals wieder" zu schwören. Aber was sind Japans millionenfache Kriegsverbrechen am chinesischen Volk im Vergleich zu den noch viel zahlreicheren Verbrechen Maos am chinesischen Volk? Weshalb hängt Maos Bild noch immer über dem Tiananmen-Platz, und weshalb liegt seine Mumie noch immer im Schneewittchen-Sarg in der Verehrungshalle am Südende des Platzes? Weshalb wurden die drei jungen Demonstranten, die es vor dem Tiananmen-Massaker 1989 gewagt hatten, Farbbeutel gegen das Antlitz des „großen Vorsitzenden" zu schleudern, exemplarisch bestraft, als hätten sie einen Religionsfrevel begangen? Einer von ihnen sitzt, psychisch krank, bis heute im Gefängnis.

Mao ist noch immer das große Aushängeschild des Regimes, obwohl seine Lehre einfach ignoriert wird. Maos politischer Erbe und Gegner, Deng Xiaoping, ließ dessen Ikone am Tiananmen-Platz hängen, und daran hat sich bis heute nichts geändert. Der Zweck ist klar: Die Partei fürchtet, dass der rote Himmel über ihr zusammenbricht, wenn sie auch die tragende Säule ihrer Herrschaftslegitimation umstürzt. Eine so genannte „Vergangenheitsbewältigung“ lässt Chinas Führung nicht zu, weil sie sofort zu einer Systemdiskussion werden könnte. Wer die Vergangenheit kontrolliert, über sie die Interpretationsmacht und Deutungshoheit hat, der kontrolliert die Gegenwart. Mao ist der Gründer des neuen China, und weil das neue China so großen Erfolg hat, ist es der Erfolg der von ihm gegründeten Partei. Deng Xiaoping hatte sich durch einen Trick aus der Affäre gezogen: „Mao war zu 70 Prozent gut und zu 30 Prozent schlecht.“ Also ließ er Mao als Fassade stehen. In den chinesischen Schulbüchern ist über Maos „Fehler“, immerhin 20 bis 40 Millionen Tote, nur nebenbei die Rede. Über Maos verheerende Kulturrevolution ist zu lesen, dass sie von „konterrevolutionären Gruppen manipuliert worden war“. Maos prominente Opfer, die überlebt haben, darunter der nach einem Fenstersturz während der Kulturrevolution querschnittsgelähmte Sohn von Deng Xiaoping, reden höchstens um den heißen Brei herum. Nicht anders ist die offizielle Verantwortung von Chinas Führung zur Rechtfertigung des Tiananmen-Massakers: konterrevolutionäre Umtriebe.

Diese Nichtaufarbeitung der Geschichte, diese Nichtrichtigstellung der Namen und Begriffe ist eine Versündigung an einem der obersten Gebote des Konfuzianismus und damit die politische Achillesferse der Legitimation der Machtausübung des Regimes. Das wirft Fragen über die politische Zukunft auf und schürt die Ungewissheit über jene „harmonische Gesellschaft“ – ein konfuzianischer Begriff –, die Staats- und Parteichef Hu Jintao predigt.

## 8) Ersatz-Ideologien

### a) NATIONALISMUS

**„Japan ist eine Raupe"**

Shanghai, Herbst 2004: Es ist wieder Samstags-Demo gegen Japan. Durch das Stadtzentrum marschieren viele Jugendliche und Studenten, kaum Alte, die sich noch an die Kriegsverbrechen der japanischen Besatzer erinnern könnten. Demonstriert wird gegen das „reuelose, arrogante Japan". Die Emotionen sind aber vielschichtiger: Japan solle das aufsteigende China als Mitspieler akzeptieren, anstatt die Rolle einer asiatischen Speerspitze der US-amerikanischen Eindämmungspolitik zu erfüllen. China lässt seine Muskeln spielen. Allerdings im völligen Kontrast zu den politischen Auseinandersetzungen zwischen Beijing und Tokio sind die Wirtschaften beider Länder ganz eng miteinander verflochten. China hat die USA als Japans größten Handelspartner abgelöst, und Japan ist für China die Nummer 3 nach USA und EU. 16.000 japanische Unternehmen arbeiten in China, 100.000 Japaner sind dort tätig. Das japanische Investment in China beträgt 32 Milliarden Dollar. 150.000 Chinesen studieren in Japan, und eine Million Chinesen arbeitet für japanische Firmen.

Die Rivalität und historische Hass-Liebe zwischen China und Japan sind ein unendliches, kompliziertes Wechselspiel. Ein Student bei der Shanghai-Demo versucht es dem Ausländer mit einem recht verwirrenden Bildvergleich zu erklären: „Wenn wir früher auf die Landkarte schauten, sahen wir China wie die Gestalt eines Laubblattes und Japan wie die Gestalt einer Raupe, immer begierig, das Blatt zu fressen. Wenn wir heute auf die Landkarte schauen, sehen wir Japan noch immer als Raupe, aber China wie die Gestalt eines Hahns, der jederzeit in der Lage ist, die Raupe aufzupicken."

Wochen später wurden weitere Demonstrationen verboten. Sie hatten ihre Denkzettelrolle gegen Japans Regierung erfüllt. Auch fürchtete Chinas Führung, dass statt „Japan“ leicht „Demokratie“ gerufen werden könnte. Diese turbulenten Demonstrationswochen in dem klassischen Land der Demonstrationsverbote zeigten jedenfalls deutlich, dass in China (und in den anderen asiatischen „Tiger“-Staaten) mit erstarkender Wirtschaftsleistung auch ein nationalistisches Potenzial heranwächst beziehungsweise wiederkehrt. Der gleiche politische Trend zeichnet sich in der japanischen Politik ab: Premierminister Koizumis „Kronprinz“ wurde der außenpolitische Hardliner Shinzo Abe. Und Japans neuer Außenminister Taro Aso, Vertreter einer harten Linie, sorgte Ende 2005 für politische Aufregung, als er China als „erhebliche Bedrohung“ bezeichnete: „China ist ein Nachbarland, das Atomwaffen besitzt und dessen Rüstungsausgaben zweistellige Zuwachsraten aufweisen.“ Wird Japan gleichziehen?

Der maritime Raum zwischen China und Japan mit den zahlreichen Eilanden ungeklärter Staatszugehörigkeit und mutmaßlichen Off-Shore-Bodenschätzen wird zum Pulverfass der Machtrivalität. Besonders demütigend muss es Japan empfinden, dass ihm China einen ständigen Sitz im UNO-Sicherheitsrat verweigert, weil es wegen mangelnder Vergangenheitsbewältigung politisch noch nicht reif dafür sei.

Chinas Führung fördert als ideologischen Kitt intensiv „patriotische Gefühle“, schon in den Schulbüchern: Nationalismus als Ersatzideologie für den abgestorbenen Kommunismus? „Patriotismus“ statt Demokratie? Japan, Tibet, Taiwan als Blitzableiter für gesellschaftliche Probleme? Eine heikle Gratwanderung für ein Regime, das wegen seiner exportpolitischen Ziele an keinen außen- und militärpolitischen Krisen interessiert sein kann. Deshalb lohnt sich schon gar nicht ein Krieg wegen Taiwan. Ein alter China-Kenner wagt zu prophezeien: „Die Chinesen haben sich ausgerechnet, dass sie 30 bis 50 Jahre benötigen, um den Vorsprung anderer Länder aufzuholen. Sie wollen den Fehler

Deutschlands und Japans unbedingt vermeiden, deren Kampf um Macht und Einfluss zu verheerenden Kriegen geführt hat."

### Taiwan: Der unfreiwillige Bruder

Kaum hatte das chinesische „Anti-Abspaltungsgesetz" 2004 Taiwan und die Welt aufgeschreckt, lud Beijing Taiwan-Politiker zu pompösen Freundschaftsbesuchen – falls sie in Opposition zu Taiwans Präsidenten Chen Shui-bian stehen. Sogar der Chef der Kuomintang-Partei, welche China bis zur Vertreibung durch Mao regiert hatte, erhielt in Beijing alle Ehren. Mit der Kuomintang ist sich Beijing zumindest in einem einig: Es gibt nur ein China – im Gegensatz zu dem „Spalter"-Präsidenten Chen, der Taiwan zu einem eigenen, unabhängigen, souveränen Staat machen will.

Chinas „Kalt-Warm"-Politik verfehlte nicht ihre Wirkung: In der „Republik China auf Taiwan" kippte die Umfragemehrheit für einen risikoreichen Unabhängigkeitskurs. Man beugt sich lieber dem unbefriedigenden Status quo: Taiwan als erfolgreicher Wirtschaftsfaktor in der Welt, von der man aber politisch zugunsten Beijings geächtet wird. Dabei ist Taiwan seit 1895 überhaupt nur vier Jahre, 1945–1949, vom Festland aus regiert worden. Der chinesische Nationalismus erhitzt sich an der „abtrünnigen Provinz", weil sie der erste große Teil Chinas war, der von den Imperialisten, noch dazu von den Japanern, aus dem Reich der Mitte herausgerissen worden war. Nach dem Zweiten Weltkrieg, so der Vorwurf, machten die USA die Insel zum „unsinkbaren Flugzeugträger vor Chinas Küste".

Chinas Umarmungsstrategie mit einem „folgsamen" Taiwan entspringt handfesten Wirtschaftsinteressen: Die 23-Millionen-Insel mit einem elfmal höheren Pro-Kopf-Einkommen als Festland-China wird als Entwicklungshelfer herangezogen. China ist Taiwans größter Exportkunde. 40.000 taiwanesische Firmen auf dem Festland bieten direkt oder indirekt 6 Millionen Chinesen

Arbeitsplätze. Und damit sich die 900.000 auf dem Festland stationierten Taiwanesen auch wohl fühlen und fleißig weiter investieren, hat die Führung in Beijing ein regelrechtes Stück Taiwan inmitten der Volksrepublik China geschaffen: In Dongguan haben bald 100.000 Taiwan-Familien eine eigene städtische Infrastruktur, darunter eine Schule, in der sogar von Taiwan-Lehrern nach taiwanesischen Lehrplänen unterrichtet wird. (Die jüngere Geschichte ist ausgeklammert und wird dann auf Taiwan „nachgeholt".) In Kunshan bei Shanghai ist ebenfalls ein Großteil der Infrastruktur auf die 90.000 Taiwanesen zugeschnitten; Spitzname: Klein-Taipei. Der Immobilien-Boom in Shanghai, eine gefährliche Spekulationsblase, blüht mit taiwanesischem Kapital.

So hätte es jedenfalls Beijing gern: Es wächst zusammen, was zusammengehört. „Bei einer friedlichen Wiedervereinigung mit maximaler Autonomie könnte Taiwan sogar seine eigene Armee haben", lockt das offizielle China den kleinen taiwanesischen Bruder.

**Tibet: Wenn der Dalai Lama stirbt …**

Welcher Tibet-Reisende hat nicht erlebt, wie sich Einheimische an Ausländer heranpirschen und flüsternd bitten um „Dalai Picture, Dalai Picture". Die ganze Welt feierte 2005 den 70. Geburtstag des Dalai Lama. Nur die Volksrepublik China sah einen anderen Grund zu feiern: „40 Jahre Autonome Region Tibet".

Ist Tibet nun rechtmäßig ein Teil Chinas oder unrechtmäßig? Darüber kann vortrefflich gestritten werden wie über die Frage, was zuerst da war: die Henne oder das Ei. Es ist allerdings auch kein unumstößliches Gebot, dass ein Teil eines Landes nicht die Unabhängigkeit erlangen darf – siehe Unabhängigkeit Ost-Timors von Indonesien oder der Mongolei von China. Letzteres führt uns direkt zu dem Gordischen Knoten, der Tibet heißt: Der einst mächtige Himalaya-Staat kam durch dynastische Heiraten sowie die Mongolenherrschaft in China an das Reich der Mitte –

allerdings in einem völlig autonomen Lehensverhältnis mit eigener Regierung und auch eigener Armee. In der (leider viel zu wenig bekannten) Sommerhauptstadt der mandschurischen Qing-Dynastie, Chengde (mandschurisch: Yehol) jenseits der Großen Mauer, hat Kaiser Qianlong an einem Bergrücken eine kleinere Variante des Potala-Palastes von Lhasa nachbauen lassen, um damit sowohl seiner Oberherrschaft über Tibet als auch seiner Verbundenheit mit dem tibetanischen Lama-Buddhismus Ausdruck zu verleihen.

Als in China zu Beginn des 20. Jahrhunderts die Kaiser-Herrschaft zusammenbrach, gerieten Unabhängigkeitsbestrebungen Tibets in die Fänge des aus Indien übergreifenden britischen Imperialismus. Die Unabhängigkeitserklärung Tibets fand keinen internationalen Widerhall, wohl aber bestätigten die USA im Zweiten Weltkrieg ihrem chinesischen Alliierten Chiang Kaishek schriftlich, dass sie die Verbundenheit Tibets mit China „nie in Frage gestellt" haben. Der heutige Dalai Lama, der in einer chinesischen Provinz von einer Mönchsdelegation als Wiedergeburt seines Vorgängers aufgefunden worden war, wurde 1940 auf Ersuchen des tibetanischen Regenten in Lhasa von einer chinesischen Regierungsdelegation bestätigt und in sein Amt eingeführt.

Nach der Machtergreifung Mao Zedongs 1949 steckte Tibet plötzlich zwischen den Mühlsteinen der aufflammenden Rivalität zwischen China und Indien um die Führung in Asien sowie der Feindschaft zwischen den chinesischen Kommunisten und den USA. Mao wollte die Himalaya-Grenze militärisch absichern, um eine allfällige „konterrevolutionäre Bedrohung durch die Imperialisten" über das tibetanische Hochland zu verhindern – eine ähnliche Sorge hatte zu Chinas Eingreifen in den Koreakrieg geführt. Tibet wurde daher von China militärisch besetzt und wird seither de facto von Beijing aus mit eiserner Faust regiert. Das ist bis heute eine Verletzung der autonomen Tradition und hat in der heutigen Ausrichtung der chinesischen Außenpolitik auch keine begründbaren Ursachen mehr: China führte zwar noch Anfang der Sechzigerjahre einen Himalaya-Grenzkrieg gegen Indien, um den Rivalen in die Schranken zu weisen, aber seither haben sich Asien und die Welt gewandelt. Die Prioritäten liegen in wirtschaftlicher Zusammenarbeit.

Was treibt also China zu der völligen Starrheit in der Tibet-Frage? Der Dalai Lama hat schon längst auf Unabhängigkeit verzichtet und alle nur möglichen Kompromisse angeboten, aber Beijing legt ihm die Latte immer höher. Sogar das in Hongkong praktizierte Prinzip „Ein Land, zwei Systeme" wird im Falle Tibets schroff abgelehnt. Tibet ist zu einem Phänomen des chinesischen Nationalismus geworden, gepaart mit kolonialem chinesischem Paternalismus. Auch könnte die Rückkehr zu wirklicher Autonomie für Tibet andere Minderheitenvölker, wie die islamischen Uiguren an der zentralasiatischen Flanke Chinas, zu gleichen Forderungen, wenn nicht gar zum Streben nach Trennung von China, ermuntern.

Chinas Regierung gibt Unsummen aus, um das relativ menschenleere Tibet zu verändern („modernisieren"). 2007 wird nach nur sechs Jahren Bauzeit eine gewaltige Eisenbahnlinie aus Zentralchina durch die Bergmassive Tibets hinauf in das Hochland nach Lhasa eröffnet: 1.300 Kilometer lang, davon 960 Kilometer über Brücken und durch Tunnels in 4.000 Meter hohem Dauerfrostboden – und in langfristiger Planung mit einer Verlängerung bis (hinab) nach Indien. Der Bau der 3 Milliarden (!) Euro teuren Eisenbahnlinie mit einem in 5.100 Metern gelegenen, höchsten Bahnhof der Welt ist eine ingenieurtechnische Meisterleistung, doch die verfehlte chinesische Tibet-Politik bringt es mit sich, dass von den Einheimischen jeder Fortschritt als noch mehr „Überfremdung" empfunden wird. Rund um die Endstation drei Kilometer außerhalb von Lhasa soll eine moderne (Chinesen-) Stadt entstehen. Die dauerhafte Besiedlung hält sich in gewissen Grenzen, da die Chinesen das Höhenklima in Tibet nicht vertragen, doch die Einheimischen befürchten über die Eisenbahn eine „Invasion“ chinesischer Wanderarbeiter auf Jobsuche. In der „Autonomen Republik“ leben 2,6 Millionen der insgesamt bis zu 6 Millionen Tibeter Chinas sowie etwa 500.000 Chinesen inklusive Soldaten und Wirtschaftstreibende. 1.700 Tempel sind wieder geöffnet.

Die Hauptstadt Lhasa ist jedenfalls bereits eine durch und durch chinesisch geprägte Stadt. Das betrifft auch die Übel der Zivilisation: Verkehrsstaus, Abgasgestank, Parkplatznot. Die chinesische Statistik meldet 18.000 private Autos in der 500.000-Einwohner-Stadt. „Das ist pro Kopf mehr als der Durchschnitt in China“, heißt es stolz. „Lhasa ist die höchste Autostadt der Welt“ – 3.670 Meter hoch. Kein Wunder: Firmenvertreter, Manager, Offiziere und Beamte aus China können sich angesichts der Härtezuschläge und anderer Sonderzahlungen für die ungeliebte Stationierung in der Höhenluft einen höheren Lebensstandard leisten. (Als der 13. Dalai Lama 1928 die ersten beiden Automobile aus Indien einführen ließ, mussten sie in Einzelteile zerlegt auf dem Rücken von Pferden über den Himalaya transportiert werden.)

China spielt in Tibet auf Zeit, auf die Zeit nach dem Dalai Lama. Für diese Absicht lassen sich zwei Arten von Beweisen anführen, davon ist der erste das Schicksal der Mongolei. Auch dort war es mit dem Zusammenbruch des zentralen kaiserlichen Regimes in Beijing zu Unabhängigkeitsbestrebungen der mongolischen Mönchsherrschaft ähnlich Tibets unter dem mongolischen Gottkönig, dem 8. Bogdo Gegen, gekommen. Diesem mongolischen Lama-Regime machte aber Stalin ein rasches Ende, als er dort eine Moskau-hörige Sowjetregierung installierte. Als der mongolische Religionsführer 1924 (vermutlich an Gift) starb, verhinderten die mongolischen Stalinisten die Auffindung seiner Wiedergeburt auf mongolischem Gebiet und erklärten die Dynastie der lebenden Buddhas für erloschen. 1936 wurde aber im tibetanischen Lhasa von dortigen Klosteräbten der Knabe Jetsun Dhampa, ein ethnischer Tibetaner (Mongolen und Tibeter sind ethnisch verwandt), im Geheimen als Wiedergeburt erkannt.

Die Mongolen erfuhren davon erst 1990 nach dem Zusammenbruch des Sowjetregimes, aber der Exilant, der mit dem Dalai Lama in Indien lebt, bekommt auch von der demokratischen Regierung keine offizielle Einladung zur Installierung als 9. Bogdo Gegen.

Mao Zedong hätte nach seiner Machtergreifung 1949 liebend gerne auch die Mongolei „heim ins Reich" geführt, wären dort nicht die mächtigen sowjetischen (damals noch) Brudergenossen gesessen. Heute hat China korrekte Beziehungen zur unabhängigen Mongolei.

Das Verhindern der Auffindung einer Wiedergeburt ist die eine Variante, die Installierung einer Marionette die andere Variante. So geschehen nach dem Tod des zweithöchsten tibetanischen Religionsführers, des mit Beijing freundschaftlich verbundenen 10. Panchen Lama. Die Mönche, die fünf Jahre lang seine Wiedergeburt suchten, fanden schließlich mehrere mögliche Seelenkinder. Sie „schmuggelten" die Namen zum Dalai Lama in dessen indisches Himalaya-Exil, worauf der Dalai Lama aus einer goldenen Urne das Los zog. Damit war für Beijing ein neuer „Kriegsfall" geschaffen. Die chinesischen Behörden entführten 1995 den fünfjährigen Gedün Chökyi Nyima samt seinen Eltern aus Tibet an einen unbekannten Ort, wo die Familie bis heute verschwunden bleibt. Stattdessen bestimmten andere Geistliche den Sohn von KP-Genossen, Gyaltsen Norbu, zum 11. Panchen Lama, und Chinas Führung überschüttet ihn seither mit allen rituellen Ehren. Der heute 15-Jährige hat sogar schon seine erste Pressekonferenz gegeben, auf der er den Wunsch äußerte, der Buddhismus möge sich in Übereinstimmung mit dem Sozialismus auf einem gesunden Weg entwickeln.

Nach tibetanischer Tradition spielt der Panchen Lama die bedeutendste Rolle bei der Anerkennung der Wiedergeburt des Dalai Lama. Beijing setzt darauf, dass die Welt bald vergessen wird, dass Gyaltsen Norbu nicht jenes Seelenkind ist, das der Dalai Lama als 11. Panchen Lama anerkannt hatte, aber Tibet selbst könnte nach dem Tod des Dalai Lama dadurch in größte Verwirrung gestürzt werden. Doch Chinas Rechnung muss nicht aufgehen. Auch Marionetten entwickeln mit zunehmendem Alter eigenständige Meinungen. So war von dem 10. Panchen Lama bekannt, dass er in jungen Jahren Sympathien mit dem kommunistischen Regime gehegt und mit diesem aus seiner Eifersucht zum Dalai Lama fleißig kollaboriert hatte. Aber gegen Ende seines Lebens war er bitter enttäuscht und veröffentlichte eine scharfe Kritik an der chinesischen Herrschaft über Tibet. Bei einem solchen Disput traf ihn der Schlag (Exilanten sprechen von Gift).

Was sagt eigentlich der 70-jährige Dalai Lama, der sich bester Gesundheit erfreut, zu dieser Entwicklung in seiner Heimat? Er lacht verschmitzt: „Wenn ich im Exil dahinscheide, kann der nächste Dalai Lama auch außerhalb Tibets gefunden werden. Der nächste Dalai Lama kann sogar ein Inder, ein Europäer, ein Afrikaner, ja eine Frau sein. Der Körper spielt keine Rolle“, vertraute er 1999 dem US-Nachrichtenmagazin *Newsweek* an. Aber er weiß auch, dass die Zeit bis zur Volljährigkeit eines Dalai Lama ein Schwachpunkt ist. Das weiß er aus eigener Erfahrung: „Die langen Jahre der Regentschaft nach dem Tod des 13. Dalai Lama waren eine offensichtliche Schwäche unseres Regierungssystems“, schreibt er in seinem Buch *Mein Leben und mein Volk.*

## b) DIE RÜCKKEHR DER GÖTTER: RELIGION UND ABERGLAUBEN

Die kommunistische Ideologie ist heute in China so wenig relevant wie in Las Vegas. Da die Staatspartei auf die Veränderungen in der Gesellschaft, die sie selbst herbeigeführt hat, noch immer nicht angemessen reagieren kann, erlebt das Land ein neues Aufblühen des Übersinnlichen und eine Renaissance der Religionen, ob Daoismus, ob Buddhismus, ob Islam, ob Christentum, die das spirituelle Vakuum füllen. Viele Chinesen sind verwirrt über die

Widersprüche in der Gesellschaft, Modernisierungsverlierer fühlen sich vom Staat im Stich gelassen. Die Sehnsucht nach inneren Werten, nach charismatischer Erfüllung ist auch eine Antwort auf die sinnliche Leere, die die materialistische Ellbogengesellschaft geschaffen hat. Am liebsten verbinden Chinesen beide Werte. Glauben soll ja Nutzen bringen. Und das schafft ein Paradies auch für Sekten und Geisterglauben.

## Falun Gong – Ein „Messias" als Staatsfeind

Der Sonntag des 25. April 1999 markiert einen Albtraumtag für die chinesische Führung: Ohne dass es die Staatssicherheitsorgane bemerkt hatten, kamen 10.000 Anhänger der Falun-Gong-„Bewegung gegen den moralischen Verfall und zur Kultivierung von Geist und Körper", meist höheren Alters, im besten Stil altchinesischer Geheimgesellschaften gut mobilisiert und organisiert, in einer Sternfahrt nach Beijing. Dort ließen sie sich direkt vor dem Zhongnanhai, dem Sitz der Führung und Allerheiligsten der Staatsmacht, zu einem stummen Sitzstreik nieder. Sie protestierten gegen ihre Verleumdung und Behinderung ihrer Bewegung. Nach dem friedlichen Abzug begann die Verfolgung aber erst richtig und mündete in eine drakonische Unterdrückungswelle.

Was stört Chinas Führung an dieser Sekte, der angeblich schon Millionen nachlaufen? Es ist die, wenn auch skurrile, Konkurrenz-Ideologie, die das Herrschaftsmonopol in Frage stellt. Führer der neuen Sekte ist der 1951 in China geborene und seit 1998 in New York lebende Exzentriker Li Hongzhi, den seine Anhänger wie einen Messias verehren und den Beijing als gefährlichen Scharlatan mit mutmaßlichen „Verbindungen zu CIA-Aktivitäten gegen die Volksrepublik China" verteufelt. „Meister Li" hatte mit der Propagierung altchinesischer Atem- und Meditationspraktiken begonnen, die er mit Qigong-Körperertüchtigungstechniken und dem Ziel der Selbstläuterung von Geist und Körper verband. Bald entdeckte Li in sich übernatürliche, heilende Kräfte. Jetzt liefen die Massen erst recht seinen propagierten „kosmischen Energien" zu, sind die Chinesen doch stets um ihr körperliches Wohl besorgt, und die Krise der medizinischen Versorgung, so sie nicht teuer bezahlt wird, ist drückend.

Für die Regierung in Beijing war die Toleranzschwelle überschritten, als Li begann, Invasionen außerirdischer Kräfte wahrzunehmen, die sich menschlicher Körper bemächtigten und sie zu Verursachern der Übel in der Welt umfunktionierten. Der „große Meister" in einem Interview mit dem *Time-Magazine* in New York: Wissenschaftler und andere Verantwortungsträger handelten im Sinne dieser bösen Kräfte. Umweltverseuchung, moralische Verschmutzung und andere Maßnahmen wider die Natur seien der Beweis. Gesundheit und Leben im Einklang mit der Natur seien daher schwer gefährdet.

Solche – wenn auch abstrakte – Anklagen treffen Chinas modernisierungsbesessene Führung an einem wunden Punkt. Und es geht auch um die Macht, die Maos Erben in Beijing bedroht fühlen, selbst von einer friedlichen Erweckungsbewegung, wenn sie von einem lebenden Messias angeführt wird. Es ist die Angst vor der Wiederkehr der Geschichte: Die nationale Katastrophe des Taiping-Bürgerkriegs (20 Millionen Tote) durch das von dem selbst ernannten „Jesus-Bruder" Hong Xiuquan 1851 ausgerufene „Himmlische Reich des ewigen Friedens" ist in traumatischer Erinnerung. In China waren es oft religiöse Sekten, die erst friedlich, dann rebellisch in einer Mischung aus religiöser Erweckung und sozialer Unzufriedenheit den Niedergang kränkelnder Dynastien einleiteten – so der „Weiße Lotus" gegen die Ming. Falun-Gong-Gründer Li hatte 1992 sein Geburtsdatum behördlich auf den 13. Mai 1951 ändern lassen, was auch der Geburtstag Buddhas ist. Li behauptet, das sei schon immer sein Geburtsdatum gewesen, doch nach den Zerstörungen der Kulturrevolution wären ihm neue Papiere mit einem falschen Geburtsdatum ausgestellt worden. Die Korrigierung auf den 13. Mai habe nichts mit Buddha zu tun, doch viele seiner Anhänger sehen das anders. Sie sehen in ihm den „Buddha der Zukunft", auf den sich die meisten Aufstände in der Geschichte berufen hatten.

Wie Chinas Führung zum Beweis, setzten plötzlich Selbstverbrennungsaktionen von Falun-Gong-Anhängern, biederen Hinterwäldlern, auf dem Tiananmen-Platz ein. Die Regierung spricht von Gehirnwäschemethoden, die Menschen zu gefügigen Fanatikern umpolten und ins Unglück stürzten. Bei solchen Massenphänomenen stößt aber auch der Polizeistaat an seine Grenzen, der sich vorerst einmal damit half, die Polizisten auf dem Tiananmen-Platz mit Feuerlöschern auszurüsten.

## Reichtumsgott Mao

China hat Götter und Geister für alle Lebenslagen. Das Skurrilste am chinesischen religiösen Pragmatismus und Hang zum Übersinnlichen ist wohl die Kanonisierung des Erz-Atheisten Mao Zedong im Volksglauben. (Mao 1954 in Beijing zu dem jungen Dalai Lama: „Ich verstehe Sie sehr gut. Aber Religion ist selbstverständlich Gift. Sie hat zwei große Fehler: Sie untergräbt die Volkskraft, und zweitens verzögert sie den Fortschritt des Landes.")

Bei seiner himmlischen Karriere hat es der einstige Verfolger aller Religionen sogar schon zu einer Inkarnation des Reichtumsgottes (!) Caishen gebracht, wie Gerd Kaminski in *Hilf Himmel! Götter und Heilige in China* (Seite 29 mit Foto) nachweisen konnte: Wenn man den goldfarbenen Mao unter der wassergefüllten Plexiglaskuppel schüttelt, regnet es Dollars. 1993 schrieb der chinesische Historiker Du Wentang: „Die Bauern beten zum Gott des Reichtums. Es besteht das Bedürfnis, ein Symbol, eine Kraft, einen mächtigen Helden zu suchen, wo man Schutz finden kann. Der Gott des Reichtums ist eine Ausgeburt des Aberglaubens. Das weiß man. Aber wer ist der Mächtige, dem sich niemand widersetzen kann? Es ist Mao Zedong." Auch Nichtabergläubische können eine interessante Parallele feststellen: US-Dollar-Noten tragen die Inschrift „In God We Trust“, China-Banknoten tragen das Antlitz Maos.

Auch wenn Mao als politischer Faktor längst keine Rolle mehr spielt, entfaltet er doch noch immer geheimnisvolle Kräfte. Mao-Talismane, die am Rückspiegel baumeln, schützen Taxifahrer und andere Chauffeure vor Verkehrsunfällen, hatte doch der „rote Christophorus“ angeblich Kollegen schon geholfen. Auf den Jahrmärken am Land stößt man auf Mao-Amulette, von denen oft Symbole der schuhförmigen Yuanbaos baumeln, des chinesischen Äquivalents für Goldbarren.

## Christentum in China

Ein Werktag im quirligen Geschäftsviertel rund um die Wangfujing-Einkaufsmeile in Beijing: Auf Nummer 74 der Wangfujing steht die stattliche katholische Ost-Kathedrale „Sankt Joseph“. Der kleine malerische Platz davor ist ein beliebtes Fotomotiv für chinesische Hochzeitspaare. Um 7 Uhr ist Frühmesse, Eingang an der Seite. Zu den ausländischen Gläubigen gesellen sich auffallend zahlreich junge Chinesinnen und Chinesen aus dem Büro- und Geschäftsmilieu. Der Aufschwung des Religiösen hat auch die christlichen Konfessionen erfasst, besonders im jungen, städtischen Bürgertum, und der Aufschwung bedarf nicht mehr Methoden wie jener des legendären christlichen Warlords Feng Yuxiang, dem man nachsagt, dass er in den Zwanzigerjahren seine Soldaten mit dem Feuerwehrschlauch taufte.

Das Regime duldet die Ausübung der „fremden“, mit dem Makel des Kolonialismus behafteten christlichen Religion, solange sie nicht im Widerspruch zu den politischen Erfordernissen steht, also keinen Einflüssen vom Ausland unterliegt, die Chinas Souveränität einschränken könnten. Die Berufung auf eine ausländische Autorität brachte der katholischen Kirche, deren (Staats-)Oberhaupt in Rom seinen Sitz hat, unter Mao schwere Verfolgung ein, hatte doch der Papst überhaupt erst 1926 chinesische Bischöfe geweiht. Der diplomatische Vertreter des Papstes, der Nuntius, verlegte 1951 nach Ausweisung aus China seinen Sitz nach Taiwan. Taiwans Präsident nahm – unter Protest Chinas – am Begräbnis von Papst Johannes Paul II. teil. Gleichwohl signalisierte Beijing dem neuen Papst Benedikt XVI., dass es an einer Lösung der Religionsfrage interessiert sei. Der geistliche Primat des Papstes ist schon jetzt anerkannt. Der Vatikan sanktioniert im Gegenzug Bischofsernennungen in der von Beijing organisierten, einzig legalen „Patriotischen Kirche". Fundamentalisten unter Chinas Katholiken wollen solche Kompromisse nicht akzeptieren und sind in der verbotenen „Untergrundkirche", besser gesagt: Hausgemeinschafts-Kirchen, organisiert. Es kommt immer wieder zu Verhaftungen.

Am 1. März 2005 überraschte das Regime mit einer bislang liberalsten Kursänderung gegenüber (sanktionierten Formen) der Religionsausübung. Das Parteiorgan *Volkszeitung* in einem Leitartikel: „Weisheit und Kraft von Gläubigen wie Nichtgläubigen sollen sich auf den Aufbau des Landes konzentrieren. Nichtgläubige und Bürger unterschiedlicher Glaubensrichtungen müssen sich respektieren und in Harmonie miteinander leben." Der Präsident des Christenrates der 20 offiziell anerkannten Bekenntnisse, Yu Xinli, spricht von heute 20.000 Kirchengebäuden und 30.000 Hauskirchen. In Beijing sind vier Kirchen in Bau. Eine davon wurde am Christtag 2005 feierlich geweiht; die erste seit 1949.

Die Renaissance des Christentums in China ist vornehmlich auf das karitativ-soziale Engagement zurückzuführen, welches der Staat vermissen lässt. Prälat Prof. Josef Sayer, Chef der katholischen Entwicklungshilfeorganisation „Misereor" in Beijing: „Katholische Gruppen nehmen sich in vielen Teilen des Landes der Gesundheitsversorgung, aber auch der Betreuung von Behinderten an. Das geschieht nicht nur mit Billigung, sondern zum Teil auch auf ausdrücklichen Wunsch der lokalen Behörden. Vor allem obliegt der Kirche die Betreuung von Aids-Kranken." In der

Stadt Fuzhou erklärt ein 27(!)-jähriger Pastor, der mit jungen Leuten aus seiner Gemeinde gerade die alte Kirche renoviert, dem deutschen Fernsehen: „Als die Reformen begannen, gab es in diesem Bezirk noch 100 alte Christen. Dann haben wir unter den Arbeitern missioniert, uns ihrer Sorgen und Nöte angenommen. Jetzt haben wir 700 bis 800 Christen aus den neuen Fabriken."

Die Zahl der Christen in China ist nach vorsichtigen Schätzungen auf 40 Millionen Protestanten und 12 Millionen Katholiken gestiegen. Das sind 4 Prozent der Bevölkerung. Den größten Zuwachs haben neo-evangelistische fundamentalistische Strömungen, die mit Missionaren aus den USA kommen und ebenfalls in Hauskirchen-Gemeinschaften organisiert sind. Chinas nervöse Behörden werfen ein scharfes Auge auf sie. Dennoch ist das „Übel" Christentum der Führung in Beijing immer noch lieber als Falun Gong: So geschehen im Juli 2004 am Flughafen von Beijing, als der Regimekritiker Yu Jie aus den USA zurückkehrte. Die Grenzbehörden durchwühlten sein Gepäck und stießen auf einige verdächtige Broschüren. „Falun-Gong-Propaganda?", fragte der Beamte alarmiert. „Nein, christliche Schriften", antwortete der Dissident. „Ach so", war der Beamte beruhigt und winkte Yu Jie durch.

Der China-Experte David Aikman registriert in *Jesus in Beijing. Wie das Christentum China verändert* ein starkes Wachstum vor allem unter der modernen Elite. So ist Chinas „privatkapitalistischste Stadt", Wenzhou, zugleich Chinas christlichste Stadt. Der örtliche KP-Chef führt einen zähen Feldzug gegen die christlichen Sonntagsschulen. Seit dem Tiananman-Massaker von 1989 haben christliche Lehrinhalte in intellektuellen Kreisen in China starke Relevanz gewonnen. James Lilly, der ehemalige US-Botschafter in China und US-Repräsentant in Taiwan, sieht in dem christlichen Faktor ein Zusatzelement, welches China zum Alliierten der USA im Kampf gegen den militanten Islam macht, mit welchem Beijing in den moslemischen Regionen das Landes zusehends schwere Probleme bekommt.

## Halbmond über China

„Roter Stern über China" – so schilderte Edgar Snow in seinem legendären Revolutions-Epos aus China den Anbruch der kommunistischen Ära. „Grüner Halbmond über China" könnte es seit dem Beginn der Ära der islamischen Renaissance heißen. Die Moslems, geschätzte 60 Millionen, haben in China historische Wurzeln, die Minaretts chinesischer Moscheen sind von Pagoden kaum zu unterscheiden, doch der Islam als politischer Faktor prägt jene (Rand-)Bereiche Chinas, wo er mit Minderheitenvölkern verbunden ist. Dies gilt im Besonderen für die Autonome Region Xinjiang (chinesisch: „Neue Grenze"), welches Gebiet in alten Atlanten noch als Ost-Turkestan bezeichnet ist, Lebensraum der Uiguren, eines der größten Minderheitenvölker Chinas. Diese zentralasiatische Wüsten- und Steppenlandschaft, die ein Sechstel des Territoriums Chinas umfasst, wird von zwanzig Millionen Menschen bewohnt, davon nur noch die Hälfte Uiguren (1949: 92 Prozent). Die chinesische Besiedlung schreitet rasch voran, besonders in den Städten. Die strategische Bedeutung von Xinjiang sowohl als militärisches Einfallstor als auch als Handelsroute („Seidenstraße") in den zentralchinesischen Raum hinein hatte die Kaiser schon frühzeitig veranlasst, das islamische Ost-Turkestan fest in den Griff zu nehmen.

Chinas Orient liegt daher im Westen. In Kashgar, der alten Metropole in Xinjiang, schwebt der Duft von Kebab-Ständen in den malerischen Straßen und Basaren, doch in Urumqi, der Verwaltungshauptstadt, hat sich öde chinesische Bürokratenarchitektur breit gemacht. Das Spannungsfeld zwischen eigener Tradition, an der die Minderheitenvölker als Ausdruck ihrer nationalen Identität festhalten, und chinesischer Moderne hat dem militanten islamischen Fundamentalismus enorme Auftriebsmöglichkeiten verschafft. Angehörige der moslemischen Turkvölker fühlen sich überrollt. Jedes chinesische Modernisierungsprojekt in den unterentwickelten Gebieten, wie die Eisenbahntransversale, wird von den Einheimischen nicht als Errungenschaft, sondern als Gefahr neuer chinesischer Einwanderungswellen, chinesischer Ausbeutung der Bodenschätze (mit Umweltzerstörung) und Verstärkung chinesischer Dominanz in Verwaltung und Militär wahrgenommen.

So macht sich der Islam heute auch in China als Terror-Faktor bemerkbar. Untergrundorganisationen, von China als „Separatisten" bezeichnet, inszenieren blutige Anschläge. Die chinesische Regierung reagiert mit drakonischen Gegenmaßnahmen: Armee-Einsatz als Antwort auf blutige Pogrome gegen chinesische Geschäftsleute, Massenverhaftungen, Einsetzung regimetreuer Imame. Laut chinesischer Regierungsangaben waren an die tausend islamische Fundamentalisten aus China in Afghanistan von den Taliban oder Al Kaida zu Terroristen ausgebildet worden. (China fordert von den USA die Auslieferung von 22 Uiguren aus dem US-Gefangenenlager Guantanamo.)

Auch beflügelte der Zusammenbruch der Sowjetunion uigurische Nationalisten. Über Nacht erlangten die mit ihnen verwandten Kasachen und Kirgisen die Eigenstaatlichkeit. „Hatte das zuvor nicht ebenso irreal geschienen wie ein unabhängiges Uiguristan?", schreibt der Korrespondent der *Neuen Zürcher Zeitung* aus Kashgar. Zudem wurde nun der Personenverkehr über die einst hermetisch abgeriegelte sowjetisch-chinesische Grenze erleichtert. Die Sorge vor einem Guerillakrieg – Ende des 19. Jahrhunderts hatten kaiserliche Truppen nur mit Mühe den Aufstand des Yakub Beg niedergeschlagen – hat Chinas Regierung zu engen Anti-Terror-Allianzen mit den Regimes in den benachbarten zentralasiatischen Ex-Sowjetrepubliken veranlasst.

Die Regierungen in Kasachstan und Kirgistan lassen schon wegen ihrer „eigenen" islamischen Fundamentalisten keine sezessionistischen Aktivitäten gegen China zu. Zu dieser neuen asiatischen Allianz zwischen China und den zentralasiatischen Republiken zählt auch Russland in der so genannten „Schanghai-Gruppe". Ihr gemeinsames strategisches Interesse ist die Aufrechterhaltung von Ruhe und Stabilität zur Ausbeutung der Erdöl- und Erdgasvorkommen sowie deren Transport durch Pipelines nach China. Auch Xinjiang selbst ist Chinas größte Erdölreserve. Daher macht auch das Reich der Mitte die sorgenvolle Erfahrung des Westens: Allah hat den islamischen Boden mit Erdöl gesegnet. Wenn China die Probleme in seinem islamischen Grenzland anders bewältigen will als durch Militär und Polizei, wird es andere Lösungsansätze finden müssen, denn sowohl Marxismus als auch Kapitalismus haben sich dort als untauglich erwiesen.

## 9) Zeitbombe Überalterung: Die „Kleinen Kaiser" – Lieblinge der Familie, Sorgenkinder der Nation

China hat eine neue Kampagne: „Unsere Kinder sind zu dick!". Sie sind Opfer des neuen Wohlstands, aber auch Opfer der Ein-Kind-Politik. Das Einzelkind wird ja noch mehr verwöhnt, als chinesische Eltern und Großeltern traditionell Kinder verwöhnen. Die Ein-Kind-Politik hat viele so genannte „kleine Kaiser" geschaffen, Söhne, denen die ganze Liebe der Familie gilt. Der Generation der „kleinen Kaiser" wird ein unziemliches Anspruchsdenken nachgesagt, zumal die gute Ausbildung eines Kindes auch ein Drittel des elterlichen Einkommens verschlingen kann.

Die von Deng Xiaoping initiierte rigorose Ein-Kind-Politik, die China 300 Millionen Bürger „ersparte", neigt sich dem Ende zu, weil sie mehr gesellschaftliche Probleme geschaffen hat, als sie verhindern sollte. Sie führte in die Sackgasse. Die Abtreibungen nach vorher – verbotener – Ultraschallbestimmung des Geschlechts haben einen Überschuss an männlichen Geburten von 120 zu 100 hervorgebracht. Für Söhne gilt in China wirklich noch der Begriff „Stammhalter", und Mädchen galten im alten China als „verschüttetes Wasser". Konfuzianische Verhaltensmuster sehen den Sohn als Träger der Familientradition (Ahnenverehrung), und er wird als Erbe des Bauernhofes benötigt. Durch die Ein-Kind-Familie wurde die Formel 4-2-1 zerstört, wonach Enkelkinder für die Eltern und diese für die Großeltern sorgen.

Bald wurde den Bauern ein „zweiter Versuch“ zugestanden. Dann erhielten Eltern, die beide aus Ein-Kind-Familien stammen, die Erlaubnis für zwei Kinder. Auch zeigte sich immer deutlicher, dass die Ein-Kind-Politik an den zwei Enden der Einkommensskala nicht wirksam ist: Für die Reichen spielen Geldstrafen keine Rolle, und bei den Armen kann der Staat Geldstrafen gar nicht eintreiben. Der „teure“ zweite Sohn wird gar zum Statussymbol. So zahlte der Schuhfabrikant Du Jaiwei in Guangzhou demonstrativ die 60.000 Yuan (6.000 Dollar) Pönale, und der berühmte Filmemacher Chen Kaige („Leb wohl, meine Konkubine“) konnte es sich leisten, seinen zweiten Sohn in den USA zur Welt bringen zu lassen, was diesem auch die US-Staatsbürgerschaft verschaffte.

Künftig sollen Verstöße gegen die Ein-Kind-Politik (von welcher Minderheitenvölker überhaupt ausgenommen sind) nicht mehr bestraft, sondern deren Einhaltung belohnt werden, etwa durch Rentenzuschüsse. Bauern mit einem Sohn oder zwei Töchtern bekommen ab dem 60. Lebensjahr 600 Yuan (60 Euro) Alterszuschuss jährlich. Bei einer Tochter (oder die zweite gestorben) wird der Zuschuss um 240 Yuan erhöht. Auf diese Weise soll das Ein-Kind-System bewahrt bleiben und gleichzeitig die sexuelle Balance verbessert werden.

China ist zur am schnellsten alternden Gesellschaft geworden. Heute sind 10 Prozent der Chinesen über 60 Jahre alt, 2060 wird es ein Drittel sein. Westliche Experten scherzen: „China wird alt, noch bevor es reich geworden ist.“ Die Lebenserwartung ist seit 1950 von 40 auf über 70 Jahre gestiegen. Für 2050 wird mit 1,6 Milliarden der Scheitelpunkt der Einwohnerzahl angenommen. Das Land bekommt ein enormes Rentenproblem, für welches noch überhaupt keine Vorkehrungen getroffen worden sind. Ganz im Gegenteil: Die „Rentenlücke“

wird immer größer. Heute sind 160 Millionen Arbeiter und Angestellte rentenversichert. Das sind 15 Prozent der Werktätigen – und nur die Hälfte des weltweiten Durchschnittsniveaus. Während sich Chinas Wirtschaftsleistung und Lebensstandard in den zwanzig Jahren von 1980 bis 2000 vervierfacht hat, bekamen davon Chinas Senioren nur die Hälfte ab.

China gerät ohnehin in eine „automatische" Geburtenkontrolle: Heute sind schon 25 Millionen Männer „überzählig" – im China-Jargon „blanke Knüppel" genannt. Ihre Not führt zum Wiederaufleben des alten Brauchs des Frauenraubs. Eine Notiz in *China Daily* vom 1. August 2005: In Sichuan wurde die 16 Jahre alte Qing Yang gekidnappt und für umgerechnet 500 Euro an einen verzweifelten Junggesellen verkauft. Dazu die Regierung: In den letzten vier Jahren konnten 42.000 Frauen befreit werden, von vielen mehr verliert sich die Spur. Die Regierung ist sehr besorgt über ein wachsendes explosives Potenzial sexuell Frustrierter. Im Jahre 2020 könnte die Zahl der Junggesellen auf 40 Millionen angestiegen sein, warnt Li Weixiong von der Familienplanungskommission: „China steuert auf ein riesiges Problem zu." Gegenprogramm: Die Regierung will Schulgeld- und Medizinkostenzuschüsse an Eltern mit Töchtern zahlen. Und: In das chinesische Astronautenteam wurde eine Frau aufgenommen.

# B) Schicksalsfrage Energie

## 1) Wettlauf um die letzten Ölschätze

*„Hätte China die gleiche Autodichte wie die USA, ergäbe das die Länge eines sechsspurigen Autostaus von der Erde bis zum Mond.“*

Analyse der American Chamber of Commerce in China

Sommer 2005: An den Tankstellen im Perlfluss-Delta, Chinas größte Energie verbrauchende Region, wird das Benzin rationiert. Der Nachschub stockt wegen zwei Taifunen – ein Menetekel an der Wand, wie abhängig das Boomland China von Energieimporten, besonders Erdöl, geworden ist.

Zwischen China und den USA hat ein Wettlauf in globalem Maßstab um die letzten Rohstoffreserven der Erde eingesetzt. China ist hinter den USA zum zweitgrößten Erdölverbraucher der Welt aufgestiegen. Es konsumiert täglich über 6 Millionen Fass und wird 2020 12 Millionen Fass verbrauchen. Das Reich der Mitte ist seit 1993 Erdölimporteur und muss heute 40 Prozent (USA: zwei Drittel) seines Erdölbedarfs einführen mit jährlich zweistelligen Zuwachsraten und 40 Milliarden Dollar Importkosten. Bis 2020, wenn China der größte Autobauer der Welt ist, wird der Importbedarf auf zwei Drittel (9 Millionen Fass täglich, USA 16 Millionen Fass) steigen, sobald die Urbanisierung Chinas 50 Prozent erreicht hat (heute: 40 Prozent) und die derzeitige Zahl von 30 Millionen Autos (1995 waren es 10 Millionen) um die jährliche Produktion von 6 Millionen angestiegen ist. Das sind alles Zahlen, die schwindlig machen: China zählt 23 Autos pro tausend Einwohner, die USA 600. Um den Weltdurchschnitt von 133 PKW pro tausend zu erreichen, müsste China noch 150 Millionen Fahrzeuge zulassen. Um den US-Durchschnitt zu erreichen, müssten auf Chinas bald 50.000 Kilometer langen Autobahnen 800 Millionen Autos rollen. Das ergäbe die Länge eines sechsspurigen Autostaus von der Erde bis zum Mond.

Wie soll die nötige Energieversorgung bewältigt werden? China verbrauchte 2005 12 Prozent des Energiebedarfs der Welt, aber die Zuwachsraten sind viermal größer als im Rest der Welt. China konsumiert pro erwirtschaftetem Dollar viermal mehr Energie als die USA und zwölfmal mehr als Japan. Der Durst des Drachens nach Erdöl und sein Hunger nach Rohstoffen treiben die Preise auf dem Weltmarkt in immer neue Rekordhöhen. Die von China ausgelöste Preisexplosion wurde auch für China teuer. Rohstoffimporte kosteten China 2004 120 Milliarden Dollar, ein Jahresplus von 61 Prozent. Das kann nur durch neue Exportrekorde finanziert werden. China kam 2005 auf 9 Prozent der gesamten Weltexporte, 2025 sollen 25 Prozent erreicht sein.

Das Reich der Mitte will sich aus der Energie-Klemme (es benötigt jährlich plus 70 Millionen Kilowatt) durch Flucht in den Atomstrom befreien. Chinas derzeit 11 AKW sollen jährlich um zwei bis drei ergänzt werden. Bis 2020 ist eine Versechsfachung der Atomstromkapazität geplant. Das Reich der Mitte wäre dann Weltmarktführer bei Atomstrom. Obwohl China im nächsten Jahrzehnt 70 Prozent aller neuen AKW der Welt errichten wird (Kostenpunkt: 50 Milliarden Dollar), wird dadurch kein Befreiungsschlag aus der Energiefalle gelingen. Der Atomkraftbeitrag von 5 Prozent zur landesweiten Energieproduktion 2005 wird dennoch nur auf 7 Prozent des für 2020 erwarteten Energiebedarfs ansteigen. 55 Prozent der Primärenergie-Nachfrage wird dann weiterhin aus Kohle gewonnen werden müssen (heute: 70 Prozent, EU: 13 Prozent), 25 Prozent aus Öl (heute: 20 Prozent), 12 Prozent aus erneuerbarer Energie wie Wind (bis 2008 geplant: 400 Megawatt, darunter der größte Windpark der Welt), Wasser (darunter der pharaonische 50 Milliarden Euro teure „Drei-

Schluchten-Damm“ am Yangze mit 76 Milliarden Kilowattstunden, das sind 6 AKW) und geothermische Ressourcen. Aus 20.000 Bergwerken holt China die weltgrößte Ausbeute an Steinkohle, die sich seit 2000 auf 2 Milliarden Tonnen fast verdoppelt hat. Diese Ausbeute hat einen hohen Preis: 6.000 tote Kumpel jährlich sind auch ein Rekord.

## 2) Säbelrasseln in Asien

*„Der Drache ist sehr sehr hungrig.“*

Andy Rothmann, Rohstoff-Analyst
der Investbank CLSA in Shanghai

China hat seit dem 11. Juli 2005 einen neuen Feiertag: den „Tag der Seefahrt“. Das klingt recht harmlos, soll es auch, markiert aber eine Epochenwende in China. Der 11. Juli 2005 war der 600. Jahrestag des Beginns der Weltreisen des „chinesischen Columbus“, Admiral Zheng He, mit einer Flotte der größten Segelschiffe, die je gebaut wurden: 130 Meter lange Neunmaster. Die „Santa Maria“, mit welcher Christoph Columbus 87 Jahre später in die See stach, nahm sich dagegen aus wie eine Nussschale. Zum Zeitpunkt der Entdeckung Amerikas durch Columbus war aber die Dschunkenflotte (doppelt so groß wie die spanische Armada 180 Jahre später), mit welcher der moslemische Eunuchen-Admiral und seine 28.000 (!) Mann Besatzung Expeditionen bis nach Jemen und Kenia durchführte, auf Befehl des Kaiserhofes nach einem reaktionären Putsch schon 60 Jahre lang mutwillig zerstört gewesen. China hatte sich selbst von der Welt isoliert mit allen Folgen, die es seither erlebte. China verlernte die Hochseefahrt.

Reform-Patriarch Deng Xiaoping warf Chinas Binnenorientierung radikal über Bord – nur vergleichbar mit Japans Öffnung Ende des 19. Jahrhunderts. Heute will das erstarkte China wieder in die Ozeane aufbrechen – als Handelsmacht, wie die Führung in

Beijing beteuert. Aber es geht auch und vor allem um die Sicherung der Zufuhr der Rohstoffe und Energieträger, die als Chinas Schicksalsfrage absolute nationale Priorität hat. „In 15 Jahren wollen wir Nummer eins im Schiffbau sein", verkündet Vize-Marineminister Zhang Guangqin. Die Militärs lassen schon den Wunsch nach dem Bau des ersten Flugzeugträgers anklingen. Auf Admiral Zhengs Besuchsstationen liegen heute Chinas lebenswichtige Versorgungswege: vom Arabischen Golf über den Indischen Ozean und die Straße von Singapur zu Chinas 1.400 Häfen, über die 90 Prozent der Importe abgewickelt werden. In Shanghai wird der größte Ozean-Terminal der Welt gebaut.

Im US-Verteidigungsministerium läuten die Alarmglocken. Man spricht dort von einer „Perlenkette", die sich Chinas Strategen entlang Asiens Küsten anlegen: Anlaufstellen von Kambodscha über Myanmar (vormals Burma) und Bangladesch bis zum pakistanischen Hafen Gwadar vor der Straße von Hormuz, der Erdölschlagader der Welt. Gwadar wird von den Chinesen großzügig ausgebaut, und die Aktivitäten dort erregten erste internationale Aufmerksamkeit durch einen Bombenanschlag auf chinesische Pipelinebauer. Der Korrespondent der deutschen Zeitung *Die Welt*, Johnny Erling, zitiert aus der chinesischen Militärzeitung *Guofang Zhishibao:* „Wer das Meer besitzt, hat die Zukunft in den Händen." Die Ozeane seien heute „wichtige Bühnen des internationalen politischen Kampfes".

China kauft die Rohstoffmärkte leer. Der Hunger und die Jagd nach Rohstoffen treiben das Reich der Mitte an entfernte Ufer. International wenig beachtet, vollzog sich schon im November 2004 im pazifischen Raum ein strategischer Umbruch, als Chinas Staats- und Parteichef Hu Jintao auf einer Südamerika-Tour den Zugang zu Rohstoffen en gros einkaufte – ganze Bergwerke und riesige Sojaplantagen – und auch die dortigen maroden Transportwege und Häfen funktionstüchtig machen will. Um es mit den Worten von Staats- und Parteichef Hu zu sagen: „Von Indonesien bis Brasilien gewinnt China neue Freunde."

Das begehrteste Gut ist aber Erdöl. Überall, wo China als Nachzügler auftaucht, trifft es auf die etablierten Ölmultis als Platzhirsche. Energieimporte sind auch für die USA eine Frage der nationalen Sicherheit geworden. Also muss China in besondere Problemzonen der Welt ausweichen, deren Regime auf der politischen Watchlist der USA stehen, wie Iran, Sudan, Myanmar oder Usbekistan. Die Unterstützung dieser Regime, zum Beispiel durch seine Veto-Befugnis im UNO-Sicherheitsrat, bringt China auf Kollisionskurs mit den USA.

Wird China eine aggressive Supermacht? Das entspräche nicht Chinas Tradition. Das Reich der Mitte sah sich als hegemoniales Zentrum mit kulturell-zivilisatorischer Vorherrschaft über Nachbarn. Für den chinesischen „Clausewitz", Sun Zi (ca. 500 v. Chr.), lag die wahre Kriegskunst unter anderem darin, eine Schlacht gar nicht notwendig zu machen, nämlich mit militärischer Einschüchterungsmacht eine Entwicklung so zu manipulieren, dass sie letztlich in Chinas Interesse mündet – also nahezu das Gegenteil von Clausewitz' „Krieg als Fortsetzung der Politik mit anderen Mitteln". China hat keinen einzigen Soldaten im Ausland stationiert.

Im Sommer 2005 sorgte Generalmajor Zhu Chenghu von der Nationalen Verteidigungsakademie für ziemliche internationale Aufregung, als er öffentlich kundtat, China würde nicht zögern, die Atomwaffe einzusetzen, wenn die USA wegen eines Konflikts um Taiwan China angriffen. Das Außenministerium in Beijing ruderte umgehend zurück: China folge seit 1964, dem ersten Atomtest, der Doktrin, niemals Nuklearwaffen als Erstes einzusetzen. Dennoch: China und die USA kommen sich immer öfter in die Quere, und die demonstrative militärische Zusammenarbeit zwischen China und Russland ist wohl ein Wink mit dem Zaunpfahl, den asiatischen Pazifikraum nicht mehr länger als Hegemonialgebiet der USA zu sehen.

Nicholas D. Kristoff, langjähriger Korrespondent der *New York Times* in Beijing, warnte 1994 in seinem kritischen Buch

*China erwacht! Die zwei Gesichter einer Weltmacht*: „China ist nicht nur eine rein wirtschaftliche Konkurrenz wie Japan, sondern kann auf vielen Gebieten destabilisierend wirken. Nicht zuletzt kommt Chinas Aufbruch auch ein strategischer Aspekt zu. Das Land verfügt nicht nur über die mit Abstand zahlenmäßig größte Armee der Welt, sondern benützt seinen wirtschaftlichen Aufschwung, um einen folgenschweren Ausbau des Militärs zu finanzieren, welcher dereinst ganz Asien aus dem Gleichgewicht bringen könnte. Schließlich ist die Volksrepublik China uneins mit neun ihrer Nachbarstaaten über die See- und Landgrenzen, hat in den letzten fünfzig Jahren mit vier davon Kriege geführt und scheint das gesamte Südchinesische Meer für sich beanspruchen zu wollen – einschließlich wichtiger internationaler Schifffahrtsrouten, über die Öl aus dem Nahen Osten nach Japan gelangt. China entwickelt sich zur regionalen Supermacht, die ganz Asien beherrscht, und könnte sogar versuchen, Stützpunkte in Birma im Indischen Ozean zu erlangen. Es wird seine Zeit dauern, bis das chinesische Militär mit den neu erstandenen Panzern, Kriegsschiffen, U-Booten, Kampfflugzeugen und Bombern vertraut ist, aber irgendwann nach dem Jahr 2000 könnte es geschehen, dass die Welt aufwacht und sich angesichts Chinas als bedeutender Militärmacht verdutzt die Augen reibt. Im Westen hat man noch gar nicht angefangen, die Konsequenzen abzuwägen, was geschieht, wenn China ein moderner Staat wird: Man stelle sich ein zweites Japan vor, aber mit rund zehnmal so vielen Menschen – plus Atomwaffen."

## 3) USA – China: Globale Rivalen oder siamesische Zwillinge?

*„Es gibt in der Welt von heute nur eine Zivilisation ersten Ranges, und die ist hier in den USA. Europa ist zweiter Rang, und Asien liegt zwischen viertem und sechstem Rang."*

Ladies Home Journal, USA, 1923

Der Wettlauf um die knapp werdenden Energieressourcen der Welt entwickelt sich zu einem brisanten Rivalitätsverhältnis, seit China als politischer und militärstrategischer Mitspieler mit den USA auftaucht – noch dazu sind die begehrtesten Rohstoffzentren der Welt auch die besonders heiklen Krisenzonen der Welt. China neigt zu energischem Vorgehen, wenn es gilt, den „Platzhirsch" USA auszumanövrieren. Der frühere deutsche Botschafter in China und China-Publizist Konrad Seitz schreibt in *China: Eine Weltmacht kehrt zurück*: „Der globale Umbruch vollzieht sich vor allem auf Kosten der USA." Washington wird jedenfalls umdenken müssen. Das Zeitalter der pax americana in Asien geht zu Ende. Jack Welsh, der legendäre Chef von General Electric, ebenfalls ein China-Profi, sieht in der ökonomischen Vernetzung durch die Globalisierung aber auch einen positiven Effekt: „Je mehr wir gegenseitig voneinander abhängig sind, desto besser für alle. Das sieht man am Beispiel des enormen Finanzbedarfs der USA. Wenn China aufhörte, unsere Staatsanleihen zu kaufen, geriete Amerika in eine Rezession – und das kann China nicht wollen, dessen wichtigster Absatzmarkt die USA sind."

USA und China: Globale Rivalen, aber vielleicht auch siamesische Zwillinge. Die USA haben sich selbst durch verfehlte Wirtschafts- und Kriegsausgabenpolitik in die Schuldenfalle, in die Abhängigkeit von China gebracht, ja erpressbar durch China gemacht. Jedes Kind in den USA wird mit einer Schuldenlast von 150.000 Dollar geboren. Die Sparquote beträgt in den USA 4 Prozent, in China 38 Prozent.

Die Importe der USA aus China sind seit 1990 um 1.200 Prozent gestiegen. Das (gewerkschaftsfeindliche) US-Supermarktimperium Wal-Mart zählt zu Chinas größten Einkaufskunden. Der Produktionssektor in der US-Wirtschaft sank von 32 Prozent im Jahre 1960 auf 14 Prozent in 2002. In 2005 betrug der US-Defizitrekord bei Gütern und Dienstleistungen gegenüber China 200 Milliarden Dollar. Er war doppelt so hoch wie der gesamte Handelsüberschuss Chinas. Das Reich der Mitte ist nämlich auch eines der weltgrößten Importeure. (Exporte 2005: 762 Milliarden Dollar – ein Jahresplus von 30 Prozent –, Importe 660 Milliarden – ein Plus von 18 Prozent –, Überschuss: 102 Milliarden, Zahlungsbilanzüberschuss Chinas: 6 Prozent des GDP [general domestic product = Bruttoinlandsprodukt], Zahlungsbilanzdefizit USA: 8 Prozent des GDP). US-Nobelpreisträger Joseph Stiglitz: „Die USA können nicht China für eigene Schwachpunkte verantwortlich machen."

## 4) „Panda-Schmuser" und „Drachen-Töter"

Die USA konnten nach dem Zusammenbruch der Sowjetunion nur für kurze Zeit den Status einer unangefochtenen Monopol-Supermacht in Anspruch nehmen. Dann tauchte China auf, und die USA trachten eifersüchtig, den Monopolanspruch von gestern gegen den Aufsteiger zu bewahren. Das „Amerikanische Imperium" zeigt allerdings deutliche Erschöpfungserscheinungen, verzettelt sich in umstrittene, teure Kriege. Es kann sich aber die kostspielige imperiale Überdehnung immer weniger leisten. Wie wird der irritierte amerikanische Riese auf die Konkurrenz des Rivalen reagieren? Wo ist die „rote Linie", die China nicht überschreiten darf – jenes China, das sich den lateinamerikanischen Hinterhof der USA als strategische Versorgungsbasis für Rohstoff- und Nahrungsmittelnachschub aufbaut; jenes China, das sich das Erdöl bei Amerikas Feinden holt und deshalb zum Beispiel mit der Veto-Waffe im UNO-Sicherheitsrat gegen eine Verureilung des Iran oder des Sudan droht? Zu welchen Waffen werden die USA greifen, wenn die Schuldenlast unerträglich wird: zu wirtschaftlichem Protektionismus und/oder militärischem Druck, um China „zu zügeln"?

Die Machtelite in Washington hat sich noch keine klare Meinung über den künftigen Kurs in der China-Politik gebildet. Zwei Denkschulen stehen einander gegenüber: die so genannten „Panda-Schmuser" und die „Drachen-Töter". Die „Panda-Schmuser" glauben, dass China als Stabilitätsfaktor in der Weltpolitik gewonnen werden, dass mit zunehmendem Wohlstand sogar ein Demokratisierungsprozess von oben möglich sein könnte. Die „Drachen-Töter" halten das aufsteigende China für eine nationale Bedrohung, die eingedämmt werden sollte.

Einen dritten Weg praktiziert die Regierung Bushs: „Panda-Kontrolle". Sie geht davon aus, dass China noch längere Zeit und sehr intensiv an seinem raschen wirtschaftlichen Aufbau interessiert ist und daher ein ruhiges, stabiles internationales Umfeld benötigt. Ein solches China würde außenpolitische Vorsicht walten lassen. Gleichwohl würde Washington China stets wissen lassen, welche Schritte es als Störfaktor empfindet. Skeptiker dieser Regierungslinie nennen das ein Hinausschieben notwendiger strategischer Entscheidungen: Washington habe gegenüber China überhaupt keine „rote Linie", weil es eine solche nicht wisse. Die „Drachen-Töter" hingegen wissen genau, was sie wollen. Ein Vorgeschmack war das lautstarke Veto im US-Kongress gegen die Versuche chinesischer Firmen, hinter denen die chinesische Regierung steckt, sich „privat" in den strategischen Erdölsektor der USA einzukaufen und dadurch Information und Mitentscheidung zu erlangen. Nach diesem kurzzeitigen Wirbel ist die US-Regierung wieder zur Politik der Zweideutigkeit – Kritiker sagen: Unentschlossenheit – gegenüber China zurückgekehrt. Diese Politik hat zumindest fünfzig Jahre dazu beigetragen, das Taiwan-Problem nicht außer Kontrolle geraten zu lassen. Chinas Führung weiß bis heute nicht, wie die USA wirklich auf ein militärisches Vorgehen gegen Taiwan reagieren würden. Und die „Panda-Schmuser" erinnern die „Drachen-Töter" daran, dass eine US-Eindämmungspolitik in Asien mit Sanktionen und Embargos schon einmal gescheitert war, nämlich jene gegen Japan Ende der Dreißigerjahre. Sie hatte die dortige Kriegspartei nur gestärkt und zu der Vorwärtsstrategie des Angriffs auf Pearl Harbor verleitet.

Wachsende chinesische Verwirrung über die Haltung amerikanischer Regierungskreise gegenüber China widerspiegelte am 9. Oktober 2005 ein programmatischer, scharfer Leitartikel im Parteiorgan, dessen klare Sprache von ganz oben gekommen sein musste. So heißt es anklagend: Was sollen diese periodischen Pendelausschläge? Sieht man China als einen künftigen militärischen Gegner – und handelt danach – oder als Konkurrenzfaktor im kapitalistischen System? In jüngster Zeit schlage das Pendel deutlich in die erste Richtung. Drei Fakten: Erstens das Sicherheitsprotokoll der USA mit Japan, in welches auch die Straße von Taiwan eingebunden ist – eine grobe Einmischung in innerchinesische Angelegenheiten. Zweitens die Rede des US-Verteidigungsministers Rumsfeld über eine chinesische Aufrüstung, „wo China doch von niemandem bedroht werde". Da müsse man sich doch wundern: Was ist mit der US-Militärmacht vor Chinas Küste und auf Taiwan? Drittens der Strategiereport des US-Verteidigungsministeriums, wonach China militärische Kapazitäten „weit über Taiwan hinaus" aufbaue und damit nicht nur die regionale Balance gefährde, sondern die Weltordnung herausfordere. Das klinge nach Wiederaufleben des Schlagwortes von der „chinesischen Gefahr". Erinnert sei an die Wolfowitz-Doktrin 1992 für eine dauerhafte militärische Überlegenheit der USA nach dem Kalten Krieg. Darin war die Absicht zum Ausdruck gebracht worden, nach der Sowjetunion keinen militärischen Rivalen mehr gegen die USA aufkommen zu lassen. Damit konnte nur China gemeint sein! Weshalb dieser Pendelausschlag jetzt? Offensichtlich, um die wachsend kriegsmüde US-Öffentlichkeit von den ausbleibenden Erfolgen im Irak abzulenken, ziehe man die Karte einer chinesischen Bedrohung. Das alles vor dem Hintergrund eines verschärften Wettlaufs um die Erdölversorgung. Der US-Pazifikbefehlshaber Admiral William Fellon nannte vor dem Streitkräfteausschuss des US-Senats eine chinesische Raketenbedrohung der USA als Begründung, China schon in seinem eigenen Sicherheitsraum einzudämmen. Ziel dieser Strategie sei, Alliierte wie Japan und Philippinen zu stärken, Singapur und Indien zu gewinnen. Vor einer solchen Strategie könne nicht genug gewarnt werden. Ein stolzes Land wie China, das wiederholt von ausländischen Mächten überfallen und besetzt worden ist, empfinde eine US-Aufrüstung vor seiner Haustür als Bedrohung. Daraus könne sich ein Rüstungswettlauf geradezu automatisch entwickeln. Es müssten alle Anstrengungen unternommen werden, damit es zu keinem kostspieligen, gefährlichen Kalten Krieg in Asien kommt. Soweit der Leitartikel.

Eine nüchterne Bilanz chinesischer Emanzipation im machtpolitischen Kräftespiel mit den USA zieht Professor Wang Jisi, Direktor des Instituts für Internationale Strategische Studien an der Parteihochschule des ZK der KP Chinas, in der Zeitschrift *Foreign Affairs,* Ausgabe September/Oktober 2005, vor dem Besuch von US-Präsident Bush in China: Die Transformation des Primats der USA hinüber in eine multipolare Welt sei unvermeidlich, wenn auch nicht unmittelbar, solange es den USA gelingt, menschliches Kapital an Innovations- und Produktivitätskraft so wie bisher zur Entfaltung zu bringen. Kurzfristig würde die – wörtlich – „harte Macht“ der USA sogar zunehmen, weil die Rüstungsausgaben dort schon fast die Hälfte aller Rüstungsausgaben weltweit betragen sollen. Die Beziehungen zwischen China und den USA in gleicher Augenhöhe seien zwar nicht von Konfrontation, aber von Rivalität bestimmt, sodass sich ein wirklich freundschaftliches Staat-zu-Staat-Verhältnis nicht entwickeln könne. Beide Staaten sollten daher in ihrem Streben nach Stabilität extrem sensibel die Interessen des anderen im Auge haben und verstehen: „Die Geschichte hat bewiesen, dass die USA und China weder ein ständiger Feind waren noch dass China in den USA einen Feind sehen möchte." Wie sensibel die Lage ist, zeigt der Professor an einem Beispiel: „China bezieht Erdöl von Venezuela und Sudan, deren Beziehungen zu den USA weitab von Freundschaft sind, während die USA ein Auge auf das Erdöl in Zentralasien werfen, hart an Chinas Grenze."

US-Verteidigungsminister Donald Rumsfeld sieht die Chance für einen Systemwechsel in China. Im *Spiegel*-Interview entfaltete er seine Gedanken: „Seit den Tagen Deng Xiaopings hat China die bewusste Entscheidung getroffen, das Wirtschaftssystem so weit zu öffnen, dass die Menschen Wachstum und Lebenschancen bekommen. Damit daraus ein Erfolg wird, müssen die Chinesen jede Menge Menschen ins Land lassen. Sie werden Bedarf an vielen Computern haben; Informationen en masse werden ins Land fließen. Mehr und mehr Chinesen werden so erkennen, dass die erfolgreichen Länder der Erde freie politische und wirtschaftliche Systeme besitzen. Daraus dürften Spannungen in einem System entstehen, das weniger frei ist. Falls sich der Wunsch nach einem eher abgeschotteten politischen System durchsetzt, wird die Wirtschaft leiden. Falls das ökonomische System zur Blüte kommt, wird sich auch die Politik mäßigen und öffnen."

Wie beurteilt eigentlich Altvater Henry Kissinger die Entwicklung seines politischen Kindes: die amerikanisch-chinesischen Beziehungen? „Ich beobachte China seit mehr als dreißig Jahren", sagte der Professor und Außenminister, der 1972 Nixon und Mao zusammengeführt hatte, Ende 2005 dem *Spiegel*-Magazin, „und ich bin beeindruckt, wie systematisch und umsichtig es seine Probleme angeht. Ich bin dagegen, China zum Dämon der Weltgemeinschaft zu erklären. Ich habe oft gesagt, dass der Wunsch, China zu belehren, wie es sich in der Welt benehmen soll, falsch ist. China hatte bereits etliche tausend Jahre gelebt, bevor es überhaupt Amerika gab. Natürlich kann das internationale System durch den Aufstieg Chinas ins Wanken geraten – wenn wir uns nämlich nicht auf die neue Konkurrenzsituation einstellen. Aber es geht um eine ökonomische Herausforderung, nicht um eine Aggression von Hitlerschem Ausmaß. China hat schneller als andere Länder verstanden, was Globalisierung bedeutet und erfordert, und es hat gelernt, die Innovationen anderer für sich zu nutzen. Indien liegt übrigens in dieser Hinsicht nicht weit hinter China. Beide sind nicht Nationen im europäischen Sinn, sondern kulturelle Gemeinschaften mit einem riesigen Markt. Damit umzugehen, darin liegt die Herausforderung der Zukunft. Ich appelliere an die Staatsmänner unserer Tage, ihr Denken nicht von Angst bestimmen zu lassen."

Kommt es irgendwann doch zum großen „clash" mit China? Nicht unausweichlich. Im Gegensatz zu anderen Rivalitäten dieses Jahrhunderts, wie jener mit dem islamischen Extremismus, gibt es zwischen den USA und China keinen Kulturkonflikt nach dem Muster von Samuel Huntingtons Zusammenstoß der Zivilisationen. China hat kein Missionierungsbedürfnis. Anders als es das Rivalitätsverhältnis zwischen den USA und der Sowjetunion war, ist das Verhältnis zwischen den USA und China Rivalität und Partnerschaft zugleich.

## 5) Das Umwelt-Desaster: Bedrohung für die Welt

*„Lass den hohen Berg sein Haupt beugen! Mach den Fluss gefügig!"*

Mao Zedong, 1958, Gedicht zu Chinas Aufbau

*„Wer sich gegen das Wasser stellt, stellt sich gegen das Leben."*

Altchinesische Weisheit zur Umweltvorsorge

Mitte November 2005 klopften die apokalyptischen Reiter jahrelanger Umweltsünden an Chinas Tür: Auf dem Fluss Songhua wälzte sich ein 100 Tonnen umfassender Giftteppich Krebs erregenden Benzols auf die nordchinesische Industriemetropole Harbin zu. Die Folge: Eine Woche lang waren neun Millionen Menschen ohne Trinkwasser aus den Leitungen. In den Supermärkten prügelten sich die Menschen um die letzten Wasserflaschen. Der Schock saß tief, denn wieder einmal hatten die regionalen Behörden eine aufziehende Umweltverseuchung erst verschwiegen, dann dementiert und schließlich verharmlost – und vor allem die Zentrale in Beijing nicht informiert. Solches Versagen braucht Schuldige: Der Vizebürgermeister erhängte sich und der Umweltminister musste den Hut nehmen.

Kaum war der Schock von Harbin überwunden, braute sich in Südchina Unheil zusammen: Im Dorf Dongzhua explodierte der Zorn im Zusammenhang mit dem Neubau eines Kohlekraftwerkes. Bauern befürchteten die Verseuchung ihrer Fischgewässer und fühlten sich um Entschädigungssummen betrogen, die korrupte Funktionäre in ihre Taschen steckten.

Die Dorf-Revolte wurde von Einsatzpolizei zusammengeschossen. Es war dies immerhin die größte Gewaltaktion seit der Niederschlagung der Tiananmen-Unruhen 1989. Als Sündenbock wurde der zuständige Polizeikommandant verhaftet.

Chinas Führung erkennt nun spät, aber doch das Menetekel an der Wand: die wachsende Wut und der Mut zum Widerstand gegen willkürliche Umweltvernichtung durch gnadenlose Wachstumspolitik. In ganz China bekannt sind schon die so genannten „Krebsdörfer", wo so gut wie jeder Einwohner körperlich schwer geschädigt und das Leiden der rußgeschwärzten Jammergestalten grenzenlos ist und wo das verkrüppelte Vieh auf den Feldern in Todeszuckungen verreckt.

Vieles im China von heute erinnert an Japans Giftküchen der späten Sechzigerjahre, als die „Itai-Itai" („Auweh-Auweh")-Krankheit die aufstrebende Industrienation mit ihren violetten oder schwefelgelben Flüssen schockierte: schmerzhafte Knochenerweichung durch Kadmiumvergiftung. Japan zog die Lehren und machte kehrt durch eine beispiellose Umweltsanierung – ohne „negative" Auswirkungen auf das Wirtschaftswachstum.

Wird China die Notbremse ziehen (können)? Der Weihnachtskommentar in der regimelizensierten *China Daily* liest sich wie ein Aufschrei gegen das Opfern der Umwelt auf dem Altar atemloser Wachstumspolitik: „Wir singen Hymnen auf unsere Entwicklungsleistung. Aber wir müssen innehalten und drastische Maßnahmen ergreifen, wenn nicht weiterhin Menschenleben als Preis für Wachstum hingegeben werden sollen." Die geistige Elite im Reich der Mitte fürchtet durch barbarische Modernisierungsmuster um den Bestand des kulturellen Wertesystems jahrtausendealter chinesischer Zivilisation.

Chinas Kultur ist eng mit dem Wasser verbunden: im Süden oft zu viel, im Norden oft zu wenig. China verfügt bei zwanzig Prozent der Weltbevölkerung über acht Prozent der landwirtschaftlichen Nutzfläche der Welt und nur sechs Prozent des nutzbaren Wassers. So heikel ist die Lage, so heikel die Zukunftssicherung.

Die Weltraumbilder vom trüben Himmel über China – und darüber hinaus – sind alarmierend. Klimaerwärmung, Ozonloch, Schadstoffbelastung der Lebensmittel: alles nicht nur wegen China, aber auch wegen China. Das Wirtschaftsboom-Land ist zum zweitgrößten Umweltverschmutzer der Welt aufgestiegen hinter den USA, und im Jahr 2020 könnte es auch auf diesem Gebiet die USA überholt haben. Chinas Öko-Desaster droht seinen Aufstieg zu gefährden, denn Umweltschäden und die von ihnen verursachten Krankheiten kosten den Staat pro Jahr 35 Milliarden Dollar. Je länger Umweltsanierung hinausgeschoben wird, desto teurer wird sie.

Die Schwefeldioxid-Emission liegt pro Einheit des GDP 70fach über Japan und 60fach über den USA. 70 Prozent von Chinas Energie werden aus Kohle gewonnen – mangelhaft oder gar nicht gefiltert. 25 Prozent des Kohlenoxid-Ausstoßes der Welt kommen aus China – und das bekommt sogar schon Kalifornien auf der anderen Seite des Pazifiks zu spüren. Verhängnisvoll ist die stürmische Liebe der Chinesen zum Auto. Vollmotorisierung in China mit 800 Millionen Autos auf herkömmlicher Benzin- und Dieselverbrennungsbasis hieße Ausgabe von Gasmasken auch bei uns hier. Nach Angaben der Weltbank sterben in China jährlich 400.000 Menschen an den Folgen von Luftverschmutzung.

Regelrechter Notstand herrscht in China bereits wegen des Mangels an sauberem Wasser beziehungsweise Wasser überhaupt – abgesehen von den Unwetterüberschwemmungen als Folge der globalen Klimaerwärmung. 60 Millionen Chinesen leiden an Wassermangel, 600 Millionen leiden an verschmutztem, oft vergiftetem Wasser in 400 der 700 Großstädte. Der – oft unkundige – Einsatz chemischen Düngers hat sich vervielfacht. Chinesische Fabriken benötigen pro Produktionseinheit zehnmal mehr Wasser als vergleichbare Betriebe im Westen. 80 Prozent der täglich 620 Tonnen Schmutzwasser fließen unbehandelt zurück. China ist das beim ausländischen Kapital beliebteste Land für umweltschädigende Industrieinvestitionen – Sozialdumping wird durch Umweltdumping ergänzt, oft mit Hilfe lokaler Machthaber.

Das chinesische Ministerium für Wasserwirtschaft beschäftigt 60.000 Mitarbeiter, die sich um die wachsende Zahl von Streitfällen zwischen Dörfern um Wasser zu kümmern haben. So nimmt in China auch die Fläche an Bodenerosion und Versteppung immer rascher zu, ebenso die Häufigkeit von Sandstürmen. Beijing verzeichnet 13 Staubstürme im Jahr und nur 170 Kilometer nordwestlich der Hauptstadt versinkt schon ein Dorf unter Sanddünen: Die Wüste rückt voran. Die landwirtschaftliche Nutzfläche sinkt (in einem Jahrzehnt um die Fläche halb Österreichs), der urbane Lebensstandard steigt, die Hälfte des Getreides wird bald zur Fleischproduktion verfüttert: China ist auf dem Weg, zum größten Lebensmittelimporteur der Welt aufzusteigen. Apokalyptische Berechnungen prophezeien, dass China die doppelte Menge der heute auf der Welt exportierten Getreidemenge benötigen würde. Das macht China von den USA, dem größten Lebensmittelexporteur der Welt, abhängig.

Chinas Führung hat die ganze Umweltproblematik wohl erkannt und die Umweltbehörde SEPA im Ministeriumsrang mit Sondervollmachten ausgestattet. Ihr 45-jähriger Chef, Vizeminister Pan Yue, ist sehr aktiv, aber seine härtesten Gegner sitzen nicht in den Zentralbehörden in Beijing, sondern in den Provinzverwaltungen. Er zieht mit offenen Worten eine düstere Bilanz: „Über einem Drittel des Territoriums geht saurer Regen nieder, die Hälfte des Wassers unserer sieben größten Flüsse ist unbrauchbar, ein Viertel der Bürger hat keinen Zugang zu sauberem Trinkwasser, ein Drittel der städtischen Bürger muss verdreckte Luft einatmen, allein in Beijing sind 75 Prozent aller Krebserkrankungen umweltbedingt." John McAlister, Chef des Wasserrecyclingunternehmens „AquaBioTronic.Com": „Chinas Wirtschaftserfolg steht vor vielfachen Herausforderungen, aber Wasser ist die wirkliche Achillesferse."

Weniger als 20 Prozent des in China anfallenden Mülls – 900 Millionen Tonnen – werden umweltverträglich entsorgt. Pan Yue: „Mich treibt die Sorge, dass China von der Werkbank der Welt zur Müllhalde der Welt verkommt. Unsere Umweltschäden könnten bald den Erfolg unserer Wirtschaftsentwicklung auffressen."

# V. Indien: Das nächste China?

# Indien: Das nächste China?

*„Oh, East is East, and West is West, and never the twain shall meet."*

Rudyard Kipling, 1889

Rudyard Kipling, der Poet des britischen Imperialismus, geboren in Bombay, hätte sich die Kraft und die Folgen der Globalisierung nicht träumen lassen. Die Erinnerung an ihn (Zitat: *White Man's Burden*) ist heute als Treppenwitz der Geschichte ausgerechnet im extremen Globalisierungszentrum Singapur in einem kleinen Gedenkraum im „Raffles"-Hotel übrig geblieben. Denn heute jagt eine Herausforderung aus Asien die andere. Als jüngster asiatischer „Tiger" ist Indien in den Weltwirtschaftsring gestiegen, nachdem es sein introvertiertes staatssozialistisches System abgeschüttelt hatte. Auslöser war Indiens „China-Schock" gewesen, als es 1990/91 von China überholt wurde. China und Indien: Das sind die beiden einzigen Milliarden-Staaten mit zusammen zwei Fünftel der Menschheit auf dem Weg zum Drittel der Erdenbürger. Indien wird 2030 mit 1,4 Milliarden Einwohnern China ein-, danach überholen. In beiden Staaten ist die große Bevölkerungszahl Motor des Wirtschaftswachstums mit Spitzenzuwachsraten in der Welt.

Chinas Reformpolitik ist 27 Jahre alt. Indiens Reformstart hängt 15 Jahre nach. Indien ist auch heute noch zehnmal weniger in die Weltwirtschaft integriert als China und verbucht zehnmal weniger ausländische Investitionen. Indiens Armutsrate ist doppelt so hoch wie jene in China. Die Alphabetisierungsrate beträgt in China 91 Prozent, in Indien 57 Prozent (Frauen 87 Prozent zu 45 Prozent). Dennoch deuten in Indien alle Anzeichen auf eine

Wiederholung des chinesischen Wirtschaftswunders. Was spricht für Indien: ein relativ gesunder Bankenapparat und Kapitalmarktsektor, eine verbritisierte Elite, relative Rechtssicherheit und eine trotz aller Abstriche demokratisch-stabile Staatsform. Indien gilt als zweitgrößter englischsprachiger Talente-Pool. Man spricht davon, dass Indien den Sprung aus der Agrargesellschaft hinweg direkt in das Computer-Zeitalter unternimmt. Das Wirtschaftswachstum seit 1980 betrug in China 868 Prozent, in Indien 311 Prozent, in den USA 118 Prozent, in Deutschland 56 Prozent.

Die unterschiedliche Wahrnehmung Chinas und Indiens durch den ausländischen Besucher (Geschäftsmann) beschreibt die *Frankfurter Allgemeine Zeitung* in einer Sonderbeilage so: „Wer in Shanghai landet, schwebt mit dem Transrapid in das Bankenviertel Pudong, steigt in Fünf-Sterne-Hotels ab, aber Shanghai ist nicht China. Wer in Bombay (Mumbai) landet, bleibt im Verkehrsstau stecken, ekelt sich vor dem Gestank und bedauert die Obdachlosen am Straßenrand. Aber Bombay ist nicht Indien. Er kennt (noch) nicht die Forschungszentren und Computerunternehmen in Bangalore oder Hyderabad (Spitzname: Cyberabad). China ist nicht so gut, wie es scheint, Indien nicht so schlecht. In China verdienen nur wenige ausländische Konzerne Geld – ihre milliardenschweren Investitionen sind eine Wette auf die Zukunft. Vielleicht ist Indien da ehrlicher mit dem Investor: Hier ahnt er, worauf er sich einlässt." Aber es ist noch immer eine skurrile Tatsache, dass die Marktwirtschaft im „kommunistischen" China besser funktioniert als im freien Indien – dank der demokratisch gewählten Kommunisten, die in der indischen Politik das – bremsende – Zünglein an der Waage spielen. Eine Umfrage von „Mercer Human Resource Consulting" unter 600 in Asien investierenden multinationalen Konzernen zeigt eine wachsende Lohnkosten-Kluft zwischen China und Indien: China wird „teurer". So kostet ein leitender Manager in Indien im Durchschnitt 8.600 Euro im Jahr, in China mehr als das Doppelte.

Indiens Metropole des 21. Jahrhunderts, Bangalore, ist das neue Silicon Valley der Welt geworden. 900.000 Inder waren 2005 schon im IT-Bereich tätig. Das Wachstum der indischen IT-Branche beträgt tausend Beschäftigte pro Woche und 33 Prozent im Jahr. Was spricht gegen Indien: bürokratische Exzesse, mangelnde Infrastruktur. Indiens Pluralismus ist nicht so zielorientiert, wie es China vormacht. Entscheidungsprozesse ziehen sich in die Länge. Heinrich von Pierer, Aufsichtsrats-Vorsitzender von Siemens und China-Indien-Veteran über den Unterschied: „Die Chinesen planen mit einer Rigorosität sondergleichen. Wird in China etwas beschlossen, wird es mit unglaublicher Geschwindigkeit durchgezogen. In Gremien, die wir nicht genau kennen, werden Ziele vereinbart und durchgesetzt. Chinesen haben ein Sendungsbewusstsein." In diesem Sinne ist Chinas Vorteil seine international respektable moderne Infrastruktur. Peter Borger, Siemens-Chef und Vorsitzender der Euro Chamber in China, nannte im April 2005 die neuen Modernisierungsvorhaben: 1.000 Hochgeschwindigkeitszüge, 55 neue U-Bahnen, größter Tiefseehafen der Welt mit einer 35 Kilometer langen Stelzenautobahn von Shanghais Küste zur Hafeninsel.

Indiens Aufholjagd hat erst eingesetzt. Sein religiöser, ethnischer und gesellschaftlicher Pluralismus (Stichwort: Kastenwesen) macht eine zentral-autoritäre Führung unter modernen Umständen gänzlich unmöglich – das musste schon Indira Gandhi mit ihrem gescheiterten emergency rule erfahren –, kann aber Schocks besser auffangen, die durch wachsende soziale Ungleichgewichte zwischen Regionen und Bevölkerungsgruppen entstehen. Ein erfahrener asiatischer Diplomat hatte einmal verglichen: „Indien brodelt an der Oberfläche über einem stabilen Unterbau. China hat eine stabile Oberfläche über einem brodelnden Unterbau." In diesem Sinn hat Indien ein besseres politisches Fundament. Indien hat eine längere Erfahrung mit marktwirtschaftlichen Mechanismen. Es ist in der Eliteausbildung voran, China in der Infrastruktur. Beide haben einen Mittelstand von je 200

Millionen. Das ergibt zusammen immerhin einen Markt von der Größe der EU und größer als jener der USA.

Die asiatische Herausforderung hat also Schwachpunkte, aber bis auf weiteres vor allem Konkurrenzvorteile. Das gilt besonders angesichts der wachsenden Komplementarität der beiden Volkswirtschaften China – Indien. Indien hat seine Stärke im Servicesektor, China im Produktionssektor. In die Computersprache übersetzt – und es geht tatsächlich um die Weltführung in dieser Zukunftsbranche – macht Indien die Software, China die Hardware. US-Technologie-Multis verlegen ihre Produktion nach China und ihre creative centers nach Indien. Zusammen ergibt das dann einen US-Computer, der erzeugt wird, ohne je einen US-Arbeitsplatz berührt zu haben.

Chinas Regierungschef Wen zögerte nicht, bei seinem „Tauwetterbesuch" in Indien (dem alten Rivalen um die Nummer-eins-Führung auf dem asiatischen Kontinent) am 11. April 2005 die Absichten beim Namen zu nennen: „Wenn sich China und Indien zusammentun, können sie Weltmarktführer werden." China lud Indien ein, gemeinsam das asiatische Jahrhundert zu gestalten. Erste Früchte: Der Handel zwischen beiden Staaten hat sich seit 1998 versiebenfacht, und der indische Computerbetriebs-Riese „Infosys", noch vor wenigen Jahren völlig unbekannt, will mit einer 65-Millionen-Dollar-Investition in Shanghai ein zweites Standbein aufbauen.

Wenn China und Indien einmal auf vollen Touren laufen, brauchen sie von uns nichts mehr. Dann brauchen sie nur noch Rohstoffe und Energiequellen. Die Produktion für die eigenen Bevölkerungsmassen, die in das Konsumzeitalter eintreten, zu günstigeren Preisen als ein Warenimport, wird für eine sich selbst tragende Aufbaukonjunktur sorgen. China – Indien: ein Traumpaar in Asien hat sich gefunden. Von der alten Rivalität ist nur der Wettlauf zum Mond geblieben.

# VI. Japan: Die dritte Öffnung

# Japan: Die dritte Öffnung

*„Niemand hat Japan jemals beschuldigt, es einem leicht zu machen, Japan zu verstehen."*

Winston Churchill

12. November 1990: Auftakt der zehntägigen Zeremonien der Thronbesteigung des neues Kaisers Akihito (Herrschername für die japanische Zeitrechnung: „Heisei"). Die altertümlichen Rituale, die nun am Ende des 20. Jahrhunderts anbrechen, übertreffen an mystischen Deutungen um vieles vatikanische Kultgeheimnisse. Dem ausländischen Gast gelang es nur durch allerhöchste Protektion, dem Beginn der Regentschaft des 125. Tennos beiwohnen zu dürfen.

Entlang einer Galerie im Hofe des Palastes trippelt der neue Kaiser, schwer unter der Last uralter Zeremonialgewänder tragend, zum acht Tonnen schweren Chrysanthemen-Thron, der aus der alten Kaisermetropole Kyoto herbeigeschafft worden ist. 74 Höflinge helfen ihm, das Meter hohe antike Kunstwerk aus Lack und Holz zu besteigen. Die tausend obersten Japaner im Frack brechen als Zeugen des Staatsaktes in ein dreifaches „Tenno Heika Banzai" („Möge der Kaiser 10.000 Jahre leben") aus.

Zehn Tage später erreichten die Zeremonien mit einem in der Welt wohl einzigartigen religiösen Geheimritual den Höhepunkt und Abschluss: „Daijosai", Japans „heilige Nacht". Im Ostgarten des Palastes sind zwei einfache Bambus-Holz-Tempelchen, Yukiden und Sukiden, errichtet worden. Am Abend schreitet der Kaiser nach einem rituellen Reinigungsbad barfuß und in eine schneeweiße Seidentunika gehüllt vor Mitternacht in den einen und nach Mitternacht in den anderen zum Ritual des Reisopfers, der Heiligung des Reises, und, so die Überlieferung, zur mystischen Begegnung (laut manchen alten Schriften: mystischen Vereinigung) mit der Sonnengöttin Amaterasu, der Urmutter Japans. Zwei Priesterinnen („Uneme“) dienen ihm bei den Ritualen, wenn die Sonnengöttin herabsteigt. In jedem der Tempelchen befindet sich eine bettähnliche Raststatt („shinza“) mit je einem Paar Hausschuhen, einem Kamm, einem Fächer und einem Betttuch. Am Morgen danach ist etwas vom göttlichen Geist auf den Kaiser und damit auf die Nation übergegangen, denn der Tenno ist die Essenz alles Japanischen. Später werden die Tempelchen in einem Reinigungsritual abgebaut, das Holz verbrannt und die Zeremonialgegenstände begraben.

1. Juni 1999: Der österreichische Bundespräsident Klestil, auf Staatsbesuch in Japan, wartet im Palast auf die Begegnung mit dem Kaiser. Als der Tenno, ein ungemein liebenswürdiger Mann, erscheint, brüllt der Hofmarschall zu den Umstehenden mit einer Lautstärke, als gelte es, zum Angriff auf Pearl Harbor zu blasen, in einem gewöhnungsbedürftigen Englisch: „Nicht bewegen, der Kaiser kommt!“ Die Hofschranzen sind ohnehin schon zu Salzsäulen erstarrt.

Durch hartnäckiges Insistieren beim Hofmarschallamt hatte der Bundespräsident erreicht, den Tenno am nächsten Tag aus seinem goldenen Käfig Ausgang zu verschaffen und zu einer flotten Wiener Aufführung der „Fledermaus“ in der Tokioter Suntory-Hall einzuladen. Man sah es dem befreienden Lachen des Kaiserpaares an, dass es einer seiner glücklichsten Abende war.

Die gnadenlose Starrheit und Verzopftheit des japanischen Hofprotokolls am Ende des 20. Jahrhunderts war symptomatisch dafür, dass die Öffnung Japans 1945 durch die Amerikaner – ebenso wie die erste Öffnung 1868 – innerlich unvollständig geblieben ist. Die von den USA verordnete Demokratie, das Wechselspiel von Regierung und Opposition, die Transparenz der Entscheidungen, der Wettbewerb in der Wirtschaft, haben nie richtig funktioniert. Nach enormen wirtschaftlichen Erfolgen bis in die Achtzigerjahre, engte das System die Nation wie eine Zwangsjacke ein, denn im Vergleich zu der Planwirtschaft in Japan war die Kommandowirtschaft in der Sowjetunion ein Chaos-Haufen gewesen. Japan fiel in konservative Erstarrung und die unflexibel gewordene Wirtschaft ab 1990 in eine Stagnation – allerdings auf hohem Niveau. Japans Nachkriegsmodell, die „Japan AG", hatte sich leer gelaufen. Die Angst des Westens vor einem Erfolgs-Monster Japan war unbegründet geblieben. Wird es im Falle Chinas ähnlich sein?

„Japan muss sich neu erfinden", predigte Sony-Gründer Akio Morito vergeblich seinen tauben Landsleuten. Fort mit dem gouvernantenhaften Staat! Fort mit der Diktatur der Bürokraten! Doch es brauchte erst den China-Schock in Japan, um die Nation wachzurütteln. Waren es also zweimal die USA gewesen, die Japan aus dem Dämmerschlaf rissen, so ist es heute China.

Japan wartete auf seinen Gorbatschow. Dieser kam in der Gestalt des Mannes mit der Löwenmähne: Jonichiro Koizumi. Sein Programm: alte Zöpfe abschneiden! (Das traf zuerst die Krawatten, zu deren Verbannung in der Sommerhitze Koizumi die Nation in einer Art japanischer Kulturrevolution aufgerufen hatte: „Energie sparen bei der Kühlung der Büros".)

Obwohl ein Kind des alten Systems (er erbte den Parlamentssitz seines Vaters), brachte der Premier im Polohemd Ende 2005 das Kunststück fertig, seine eigene, seit 50 Jahren regierende Liberaldemokratische Partei zu Neuwahlen zu zwingen, die der Premier mit eigenen Reform-Kandidaten bestückte. Das Wunder geschah: Den Japanern war endlich der Knopf aufgegangen. Sie statteten Koizumis Reformprogramm mit einem Erdrutschsieg aus. Japans Wirtschaft, in welcher sich enorme Innovationsreserven aufgestaut haben, reagierte mit einem neuen Sonnenaufgang. Die Exporte ziehen nach langer Flaute wieder an.

Leicht wird es die neue Reform-Ära in Japan nicht haben. Das Land würgt mit 170 Prozent des GDP an einer der höchsten

Staatsverschuldungen einer entwickelten Volkswirtschaft, weil 15 Jahre lang durch Defizit-Spending vergeblich gegen die Stagnation und Deflation angekämpft worden war. Auch die demografische Entwicklung lässt nichts Gutes erwarten: Japan wird 2050 nur noch 90 Millionen der heute 120 Millionen Einwohner haben, während man Chinas Bevölkerungszahl zu diesem Zeitpunkt irgendwo zwischen 1.400 und 1.600 Millionen vermutet.

Jedenfalls muss Japan als Erstes seine Mentalität entstauben, um bei Chinas Aufbruch in die Welt nicht ins Hintertreffen zu geraten, hatte doch ein guter Kenner diese Mentalität in dem einfachen Satz zusammengefasst: „Japan genießt das Alleinsein, weil es sich für etwas Besonderes hält."

# VII. Russland: Drache küsst Bär …

# Russland: Drache küsst Bär ...

*„China und Russland vereint das gemeinsame Ziel, nicht länger der underdog gegenüber den USA zu sein."*

Andreas Riemer, Institut für Strategie und Sicherheit der Landesverteidigungsakademie Wien

Das war ein Hammer, von dem sich die US-Strategen im Pentagon lange nicht erholen werden: China und Russland hielten im Sommer 2005 erstmals, und ganz groß angelegt, gemeinsame Militärmanöver ab. Die militärische Verbrüderung hatte regelrechten Show-Charakter. Luftlande-Einsätze und andere Militärspektakel sollten nicht nur „terroristische und separatistische Kräfte" einschüchtern, sondern auch den USA ein deutliches Signal geben: Die Ära der US-Hegemonie im ostasiatischen Raum ist abgelaufen, das Spekulieren auf die uralte Gegnerschaft zwischen dem Bären und dem Drachen zahlt sich nicht mehr aus.

Groß ist die Erblast auf der russisch-chinesischen Nachbarschaft. Das „Tataren-Joch" aus dem Mittelalter ist bis heute ein nationales Trauma in Russland, aus dem sich die Zurückdrängung der „Gelben Gefahr" bis weit hinter Sibirien als Zielsetzung entwickelt hatte. Für China ist es das Trauma der „Ungleichen Verträge", in denen es das Gebiet von Amur und Ussuri verlor, und erst recht der Name der russischen Pazifikmetropole eine Erinnerung an Demütigung: Wladiwostok („Beherrscherin des Ostens") heißt sie. In einem solchen Geist unter beiden Völkern konnte auch die kommunistische Bruderschaft nicht lange währen: Gegenseitige Hegemonialvorwürfe mündeten 1969 in regelrechte Grenzkämpfe, über denen das Damoklesschwert des Atombombeneinsatzes schwebte.

1973 traf der österreichische China-Pionier Professor Gerd Kaminski in Beijing den Vize-Regierungschef und späteren Reform-Patriarchen (ab 1979) Deng Xiaoping, der gerade aus der politischen Wüste zurückgerufen worden war und ein Jahr später schon wieder gestürzt werden sollte. Deng enthüllte koloniale Sünden der Sowjetunion und besonders Stalins (dessen großes Bild bis in die Achtzigerjahre am Tiananmen-Platz prangte, um den Kreml zu ärgern!). Aus den Gesprächsnotizen: „Jede Hilfe haben sie uns teuer mit Krediten verrechnet, um uns abhängig zu machen ... 6 Milliarden Dollar im Koreakrieg ... Die Rückgabe des von der Kuomintang-Regierung an Japan zwangsverpachteten Hafens Dalien mussten wir Stalin abkaufen ... Für das veraltete Material haben sie uns 1 Milliarde Dollar verrechnet ... Dennoch ist das jedem Chinesen jeder Preis wert gewesen ... Zwischen 1962 und 1964 haben wir alle Schulden getilgt ... Man kann daraus die Lehre ziehen, dass man sich auf eigene Kräfte stützen muss ...“

Das Tauwetter begann 1989 mit Gorbatschows Besuch bei Deng Xiaoping, aber die Rivalität war noch nicht ganz überwunden. Während draußen am Tiananmen-Platz die Studentenkundgebungen Demokratie einforderten, mahnte Gorbatschow bei Chinas Patriarchen Deng Xiaoping, der sein Gesicht zu verlieren drohte, „Glasnost“ nach sowjetischem Vorbild ein. Deng antwortete nach Gorbatschows Abreise mit Panzern gegen Demonstranten. Drei Jahre später war die Sowjetunion und mit ihr die russische Wirtschaft zusammengebrochen, während das autoritäre China zum steilen Wirtschaftsaufstieg ansetzte.

Drache und Bär: Nach konfliktreichen Jahrhunderten haben sie sich nun halbwegs aneinander gewöhnt, wenn auch unter wachsamer gegenseitiger Beäugung. Dies gilt besonders für das technologiehungrige China, dessen Geheimdienst unterbezahlte russische Experten zum „Technologietransfer“ der anderen Art verleitet: Es häufen sich in Russland die Spionageprozesse gegen Topmanager national heikler Industriebereiche wegen Geheimnisverrats an China.

Heute ist Russland der arme Mann neben China, und chinesische Geschäftsleute überschwemmen Sibirien. Muss Russland die Rache der Geschichte, den Verlust Sibiriens fürchten? Die Zeiten haben sich auch hier gewandelt. Man erobert heute nicht mehr Territorien, sondern die Wirtschaft. China ist die Wirtschaftsmacht, und Russland kann vom Verkauf seiner Bodenschätze – Erdöl – an das rohstoffhungrige China ganz gut leben. Die Sorge vor (islamischem) Terror und nationalistischen Unabhängigkeitsbewegungen schmiedet beide Reiche zu einer Art „Verteidigungskoalition“ zusammen, bei welcher unter dem Vorwand der Aufrechterhaltung der Stabilität das erste Opfer die Demokratie ist.

# VIII. Eine Reise durch das neue Asien

# A) Peking ruft Olympia 2008

Wenn am 8. August 2008 die Olympia-Flagge hochgezogen wird, dann sollten die fünf Ringe um eine Spitzhacke ergänzt werden; sozusagen als Gruß aus Beijing: China hat eine neue Hauptstadt bekommen – am gleichen Ort, aber senkrecht in die Höhe. Nur die Verbotene Stadt – kein Gebäude durfte sie einst überragen – und die Tempelanlagen bleiben unangetastet. Man kann das historische Erbe heute aus den Hochhaus-Alleen von oben herab betrachten. An einem der teuersten Plätze des Stadtzentrums, Ecke Wangfujing-Einkaufsmeile und der Changan-Avenue, hat sich das neue China eine eigene Tempelanlage hingestellt, einen Konsum-Tempel: das hypermoderne Oriental-Plaza über zwei Häuserblocks.

Beijing ist eine relativ junge Hauptstadt, wenn man den Maßstab der chinesischen Geschichte anlegt: 800 Jahre alt. Es war der Nabel der Welt eines Imperiums, das vom Hindukusch bis vor die Tore Japans reichte: Ein „göttlicher Wind" („Kamikaze") hatte die chinesisch-mongolische Invasionsflotte auf dem Weg nach Japan im Sturm versinken lassen.

Junge Hauptstadt, aber altes Erbe: Zwei Kilometer neben der Verbotenen Stadt blättert ein älterer Herr in einem einfachen Büro in den Akten und nippt an einer Tasse Tee. Er ist Vizebürgermeister des Bezirks Chongwen. Er ist der Neffe des letzten Kaisers von China. Herr Jin Yuzhang (mandschurisch: Aisin Gioro) hält zwar viel von Familientradition („Wir Nachkommen treffen einander immer wieder"), aber wenig von der letzten Qing (Mandschu)-Dynastie: „Ihr Konservativismus führte zu Unterentwicklung und machte China verwundbar für ausländische Angriffe." Da sieht er sich doch lieber die Seifenopern über seine Dynastie in Kino und TV an.

Das Autobahnnetz in Beijing ist für die Olympiade auf 700 Kilometer verdreifacht worden. „Man kann das Ausmaß der Bauvorhaben für das olympische Ereignis nur mit dem Bau der Großen Mauer vergleichen“, lässt das Olympische Vorbereitungskomitee in Beijing den Stolz auf eine neue historische Rekordleistung anklingen. 1 Million Wanderarbeiter ist in Tag- und Nachtschichten an den gewaltigen Baustellen im Einsatz – so auch sonntags um zwei Uhr früh. „Beijing 2008“ ist der Paukenschlag von Chinas Auftritt auf der Weltbühne. Keine Kosten und Mühen wurden gescheut. Die Kosten werden auf mindestens 40 Milliarden Dollar geschätzt; das Vierfache der Olympia-Kosten für Griechenland. In einer Kampagne gegen Korruption und Bestechung wurde von dem „Anti-Korruptionsbeauftragten“ Janos Bertok aus Ungarn auch den ausländischen Anbietern bei den Olympia-Projekten eindringlich in Erinnerung gerufen, dass man für Fälle besonders krasser Bestechung in China auch mit dem Tode bestraft werden kann ...

Internationale Stararchitekten konnten bei der Gestaltung der Spielstätten ihren Visionen freien Lauf lassen. In nur vier Jahren Bauzeit ziehen anlässlich der Olympiade 40.000 Wanderarbeiter (6 Euro Tageslohn) den größten und modernsten Flughafen der Welt – Architekt: Norman Foster – hoch. Wenn dann der Startschuss zu den Spielen fällt, soll zwei Wochen lang eine High-Tech-Überraschung die andere jagen. Chinas Führung will aber auch noch ein anderes Zeichen setzen, nämlich Olympia als Manifestation chinesischer Umweltschutzanstrengungen: Solarenergie im olympischen Einsatz, Begrünung des olympischen Stadtviertels mit Hilfe von Recycling-Wasser, und Beijings Autobusse und Taxis wurden auf umweltfreundlichere Treibstoffe umgerüstet. Stichwort freundlich: 600.000 Einwohner Beijings haben für die Betreuung der olympischen Gäste Englisch gelernt.

Am Tiananmen-Platz zählt eine riesige Digitaluhr – so wie bei der „Heimkehr“ Hongkongs – die Tage und Stunden bis zum großen Ereignis. Doch wenn am 24. August 2008 das olympische

Abschlussfeuerwerk Beijings Nachthimmel erleuchtet, winkt schon der nächste Knalleffekt: Die „Expo 2010“ in Shanghai soll alles in den Schatten stellen, was es bisher an Weltausstellungen gegeben hat.

# B) Shanghais Ziel: Metropole der Welt

Man schreitet durch das Flughafengebäude, das an eine Weltraumstation erinnert, zur Magnetschwebebahn. In dieser geht es mit einem leichten Säuseln in acht Minuten und 430 Stundenkilometern Spitzengeschwindigkeit 30 Kilometer in den Hochhausdschungel der Stadt. Dort geht es aufwärts in das höchste Hotel der Welt im Jin Mao Tower, Chinas Mega-Pagode aus Glas und Stahl. Dort geht es in ein High-Tech-Zimmer im 83. Stock in 400 Meter Höhe. Die Hotelhalle vom Typ „Raumschiff Orion" ist 35 Stockwerke hoch. Chinesische Besucherscharen bewundern die Leistung. Vom Swimmingpool im 57. Stock bis hinauf zur Dach-Bar „Wolke 9" im 87. Stock ist Shanghais historische Ufer-Promenade, der „Bund", nur noch im Liliput-Format auszunehmen. Dahinter verläuft sich bis zum Horizont die Glitzerwelt der 4.000 Hochhäuser. Abwärts mit dem Blitz-Aufzug (Kabine mit Druckausgleich) und weiter hinab in den Verbindungstunnel unter den Huangpu-Fluss zum „Bund": selbstverständlich kein normaler Tunnel. Man wird in kleinen Waggons durch eine High-Tech-Geisterbahn mit Show-Einlagen aus Laserstrahlen gerollt.

Shanghai ist Chinas spektakuläres Aushängeschild, Schaufenster der Modernisierungspolitik und laut eines US-Magazins die derzeit aufregendste Metropole, eine Stadt, die sich unentwegt selbst überholt. Heute ist Shanghai das New York Asiens, morgen das New York der Welt? Superlativen gehören hier zum Alltag. In diesem neuen Mekka der globalisierten Wirtschaft türmt sich nationaler Ehrgeiz – eine Stadt im Gründertaumel, voll knisternder Energie, gierig nach Rekorden, ein Hauch von Größenwahn. Der Orient des 3. Jahrtausends stellt den Okzident in den Schatten.

Doch China wäre nicht China, würden nicht auch im ärgsten Modernisierungswahn die alten Geister ein Wörtchen mitzureden haben. Dort, wo sich heute mehrere Stadtautobahnen in drei Etagen spektakulär ver- und entknoten, war es zu rätselhaften Verkehrsunfällen gekommen – bis die Ursache feststand: Ein verärgerter Drache ließ seinen Zorn spüren. Deshalb wurde ihm zwischen den Autobahnknoten eine große Drachensäule als neue Wohnstatt errichtet. Und tatsächlich: Die Zahl der Verkehrsunfälle ging zurück …

Als Stadtarchitekt kam auch Albert Speer junior nach Shanghai. Was den international renommierten Architekten bewogen hat? „Die Dynamik der Menschen ist faszinierend. Europa schläft irgendwie. Es ist der Reiz, etwas verwirklicht zu sehen. Was jetzt in den Bau geht, ist in einem Jahr fertig. Wie lange sie dieses Tempo durchhalten? Ich glaube, in den nächsten 10, 15 Jahren geht ihnen die Puste nicht aus." Sein deutscher China-Manager Johannes Dell erzählt aus Erfahrung: „Es kann schon vorkommen, dass die Chinesen von dir ein Universitätsinstitut wollen, und der Baubeginn soll noch in diesem Jahr sein. Es ist aber schon September."

# C) Kanton und Shenzhen: Kapitalismus als patriotische Tat

Guangzhou (Kanton) ist die alte, Shenzhen die neue Metropole der Boom-Region „Perlfluss-Delta“. Kanton war immer Festland-Asiens größter Basar und wird es auch bleiben. Dennoch bleibt nicht alles beim Alten. Die Moderne dringt hier mit südlichem Chaos ein: Stadtplanung unbekannt, Hochhäuser im Freistil. Auch der Lebensstil und die Essgewohnheiten passen sich der globalen Moderne an. Auf dem pittoresken Markt blieben an diesem Tag die geselchten Hunde als Ladenhüter übrig. Im Käfig miaut eine Katze. Sie hat überlebt, zumindest an diesem Tag.

Shenzhen, als Konkurrenz-Hongkong hinter dessen Grenzen geplant, ist am Reißbrett innerhalb von 20 Jahren im Zeitraffertempo entstanden, durchzogen von einer Hauptachse, an der sich hypermoderne Glasfassadentürme reihen. Die dort tätigen Manager wohnen aber doch lieber im gediegenen „Portofino“. So nennt sich ein dem italienischen Vorbild nachempfundenes Villenviertel.

20.000 Firmen profitierten in Shenzhen von der Verlagerung von Arbeitsplätzen aus Hongkong, aber das Kapital ist im Globalisierungszeitalter zum Nomaden geworden. Die ersten Firmen wandern von Shenzhen nach Vietnam aus. Doch es geht auch anders. Besuch bei dem Unternehmer Fei Zuxi im High-Tech-Park von Shenzhen. Herr Fei war nach der verheerenden Kulturrevolution nach Österreich emigriert. Es blieb aber nicht beim Tellerwaschen in China-Restaurants. 1990 gründete der Austro-Chinese mit dem Patent eines Österreichers eine Firma für Spezialasphalte. Heute asphaltiert seine Firma Novophalt nach technischen Weiterentwicklungen ein Viertel der chinesischen Autobahnen und macht 50 Millionen Euro Umsatz. Was ist das Geheimnis chinesischer Unternehmererfolge? „Der chinesische Geschäftsmann erkennt Möglichkeiten, die der westliche Geschäftsmann noch nicht sieht“, formuliert es Herr Fei und setzt augenzwinkernd fort: „Und wichtig ist es, in China den richtigen Partner zu finden. Das Zauberwort heißt ‚Guanxi‘ (Beziehungen).“

Der chinesische Partner der Firma, Herr Li Hong Wei, 40 Jahre jung („Ich gehöre schon zum alten Eisen. Hinter mir drängen die 25-Jährigen“), KP-Mitglied, schildert seine steile Karriere zum Multimillionär so: „Ich kam 1980 nach Shenzhen, studierte Management und begann in der Gebietsverwaltung. Bald startete ich mit einer kleinen Export-Import-Firma. Obwohl sich mein Einkommen deutlich verbesserte, wollten die Freundinnen nicht so richtig anbeißen, denn ‚Geschäftsmann‘ galt damals noch nicht als besonders gesellschaftsfähig.“ Und heute? Was sagt die Partei? „Ich trage zur Entwicklung Chinas bei. Und das nützt beiden Seiten. Ich zahle jetzt auch mehr Steuern.“

# D) Hongkong: Chinas Schatzkammer

Wer glaubt, China habe Hongkong geschluckt, sieht sich am Grenzübergang eines Besseren belehrt. Plötzlich reißt ein Uniformierter die Autotür auf, hält eine Pistole ans Gesicht und drückt ab. Nein, kein Schuss, sondern „nur" ein rotes Licht im Pistolenlauf: SARS-Fieberkontrolle der Hongkong-Behörden. Ja, und noch etwas: In Hongkong herrscht Linksverkehr. (Die Schnapsideen während Maos Kulturrevolution, in China auf Linksverkehr umzustellen und das Rot der Ampeln zum Signal für freie Fahrt umzudrehen, war nicht verwirklicht worden.)

Die britische Kolonie bis 1997 verblüfft bei jedem Besuch aufs Neue, obwohl sie ihr „Heldenzeitalter" lang hinter sich hat: Die längste Rolltreppe der Welt steil aufwärts oder die tollste moderne Architekturkulisse der Welt mit abendlichen Laser-Lichtspielen bieten immer neue Highlights. Ein Mega-Flughafen, für welchen eine der Inseln einfach abrasiert worden war, und welcher durch eine Kette von Autobahntunnels und eine 1,4 Kilometer lange Hängebrücke mit der Innenstadt verbunden ist, macht Hongkong zur Drehscheibe Asiens. Die gleiche Funktion hat Hongkongs Börse für die Finanzwelt Asiens.

Im Herzen der 7-Millionen-Metropole liegt der berühmte Hongkong-Club: Treffen mit dem österreichischen Hongkong-Reeder Helmut Sohmen, Schwiegersohn des legendären Hongkong-Tycoon Sir Yue-Kong Pao. Was hat sich in Hongkong seit der Rückgabe verändert? „Ganz einfach, Hongkong hat sich neu erfunden. Hongkong wird noch lange unentbehrlich bleiben. Hongkong hat heute etwas, was Shanghai für die Geschäftswelt noch lange nicht bieten kann: Rechtssicherheit. Alle chinesischen Firmen, die international reüssieren wollen, verankern sich in

Hongkong. Hier ist die Finanzwelt zuhause." Hongkongs Börsenfüchse wissen ihren Standortvorteil wohl zu schätzen: „In Hongkong können sich Investoren nicht nur auf objektive Gerichtsurteile verlassen, hier können sie diese auch durchsetzen. Drüben in China? Na ja." Hongkong ist die Schatzkammer Chinas, wo das große Geld sicher aufgehoben ist – auch das der neuen chinesischen Großkapitalisten.

„Ein Land – zwei Systeme": Nicht mehr der Kapitalismus trennt heute die zwei Systeme, wohl aber Freiheit, Demokratie und Menschenrechte. Das chinesische „Sonderverwaltungsgebiet" Hongkong wird aber mindestens so lange seine Freiheit genießen können, solange es auch als Köder für eine Taiwan-Lösung dienen soll.

# E) Macau wird das Monaco Asiens: Las Vegas überrundet

Ganz einfach: In Hongkong wird das Geld verdient, in Macau wird es verspielt, und die chinesische Staatskasse streift es ein. Macau, die noch kleinere Schwester des kleinen Hongkong, 65 Kilometer entfernt am anderen Ufer des Perlfluss-Deltas, wird zum Monaco Asiens. Der Umsatz der 12 Spielhöllen übertrifft schon das legendäre Las Vegas. Die Spieleinnahmen betrugen 2004 fünf Milliarden Dollar. Asien hat heute viel Geld. Schwärme von Tragflügelbooten jetten die Spieler hinüber nach Macau. Und wer es noch eiliger hat, sein Geld los zu werden, nimmt den Hubschrauber-Service. Der asiatische Spieler setzt in Macau im Durchschnitt 85 Dollar ein, der amerikanische Spieler in Las Vegas 25 Dollar.

Riesenumsätze mit chinesischen Parteifunktionären macht Macaus Aushängeschild „Casino Lisboa", sodass schon gewitzelt wird, hier fänden an den Spieltischen Parteisitzungen statt. Leider verlieren die Genossen, die ihren Untertanen zuhause das Spielen verbieten, viel Geld. Es ist ohnehin nicht das ihre. Sie finden dann Trost im angeschlossenen Hotel, wo sich wasserstoffblonde Osteuropäerinnen intensiv um Kunden bemühen. (Das super-kommunistisch-stalinistische Nordkorea hat Zweigstellen von Macau-Casinos an seine Grenze zu China hingestellt, um chinesische „Brudergenossen" auszunehmen.)

Der 18. November 2004 war kein besonders guter Tag des Wiedersehens mit Macau gewesen: Boliden des Grand Prix von Macau röhrten durch die engen Straßen. Welch eine Veränderung: Noch vor zwanzig Jahren faulte die alte portugiesische Zwergkolonie bei lebendigem Leib vor sich hin. Modergeruch lag in den Straßen, kein Flugplatz, kein funktionstüchtiger Hafen. Dann setzte von China aus die erstaunliche Wiedergeburt ein. Die alte, pittoreske Spielhöllendschunke und das „Casino Lisboa“ reichten bald nicht mehr aus. Heute signalisiert die Skyline von Macau, wie hoch Asien hinaus will.

Auch in Macau demonstriert Beijing nach der Rückgabe der portugiesischen Besitzung 1999 – die letzte europäische in Asien – politische Korrektheit bei Vertragsverpflichtungen: Offizielle Amtssprache ist noch immer Portugiesisch.

## F) Taiwan: Das unverdiente Stiefkind

Als Trost für die internationale politische Ächtung baute sich die Wirtschaftswunder-Insel 2004 das höchste Gebäude der Welt: „Taipeh 101", einen halben Kilometer hoch. Das „kleine China" auf der Insel gilt nach Japan als die gesündeste und robusteste Wirtschaft Asiens und hat bewiesen, dass es keiner diplomatischen Beziehungen bedarf, um international erfolgreich zu sein. Taiwan ist längst kein Billiglohnland mehr, sondern hat millionenschwere Produktionsstätten nach Festland-China verlegt. Taiwans Wirtschaft zählt mit 80 Milliarden Dollar zu den größten Investoren dort. Taiwans Regierung sieht das nicht gern, aber da macht das Kapital eben einen Umweg über die US-Virgin-Islands, die mysteriöserweise zu einem der größten Investoren in China zählen.

Die Taiwanesen stecken in einem Dilemma: Einerseits ist China zum größten Kunden geworden, andererseits schwebt ständig das Damoklesschwert eines militärischen Krisenszenariums über der Straße von Taiwan. Umfragen und auch die jüngsten Wahlergebnisse zeigen, dass die Taiwanesen die Fortsetzung des gegenwärtigen Schwebezustands einer risikoreichen Eigenstaatlichkeitserklärung vorziehen. USA und UNO wären ohnehin dagegen.

China duldet Taiwans Eigenständigkeit als „Provisorium". Können Provisorien endlos dauern? Ein kurzer Blick mit viel Symbolkraft in die Geschichte: 1644 hatte die Mandschu-Dynastie Beijing erobert. Ein Loyalist der Ming-Dynastie, „Rebellen"-General Zheng Chenggong („Koxinga"), zog sich nach Süden zurück, warf 1662 die Niederländer aus Formosa (Taiwan) hinaus und verschanzte sich dort. Sein Enkel musste allerdings Taiwan 1683 an die Mandschus ausliefern. „Koxinga" wird auf Taiwan als Widerstandsheld verehrt und in China als erster Sieger über die westlichen Kolonialisten.

# G) Singapur: Asiens Musterschüler, Chinas Vorbild

Schon bei der Einreise lässt der Obrigkeitsstaat Singapur (4 Millionen auf eineinhalb mal Wien) mit Hinweistafeln keinen Zweifel daran aufkommen, wie es um die Besucher steht. Drogen: Todesstrafe! Beamtenbestechung: Zuchthaus! Ausspucken: Geldstrafe! Urinieren ... Der Sauberkeitswahn hat seine Wurzeln im Ausrottungsfeldzug gegen die Malaria. Noch vor 200 Jahren war Singapur nichts als ein Malariasumpf gewesen. Als die Briten 1963 gingen, stellte sich der lokale chinesische Gewerkschaftsführer Lee Kuan Yew die Aufgabe, aus dem Heer der Kulis einen lebensfähigen Staat zu machen. Und der Erfolg war total! Lee errichtete in diesem dritten chinesischen Staat in Asien eine klassische konfuzianische Erziehungsdiktatur zur Entfaltung einer modernen Marktwirtschaft. Und er wurde damit zum Vorbild der Reformer im großen China.

Das Abenteuer der Staatsgründung, das als Billigproduktionsstätte begann, entwickelte sich zu einem High-Tech-Paradies. Singapurs Erfolgsrezept: Mut zur ständigen Umstrukturierung. Singapur erfindet sich jedes Jahrzehnt aufs Neue, einem höheren Weltmarktsegment angepasst. So schaffte es Singapur mit seinem computergesteuerten Containerhafen der Superlative, zum Knotenpunkt des in Asien sprunghaft steigenden Welthandels zu werden. Die Effizienz ist durch nichts zu übertreffen: 1.000 Container-Riesen liegen an den Kais, alle drei Minuten legt einer an, legt einer ab. Singapurs höchstgerüstete kleine Streitmacht versucht, der wachsenden Piratenplage in der südostasiatischen Inselwelt Paroli zu bieten (alle drei Tage ein Überfall) und wappnet sich gegen den befürchteten großen Terroranschlag auf diese Schlagader der Erdölversorgung.

Das Entwicklungsrezept des Staates Singapur: Er schafft die Rahmenbedingungen, leistet Startkapital, aber der freie Markt entscheidet dann über Erfolg und Misserfolg. Subventionierung ist undenkbar. Der Staat kauft sich zum Start jedes neues Rahmenprojekts die besten und teuersten internationalen Experten ein. Neuestes Projekt: Singapur soll zum Weltzentrum der Biotechnologie aufsteigen. Internationale Pharma-Multis verlegen ihre Stammzellenproduktion und Klon-Experimente in den Biotech-Park „Biopolis“. (Ironischerweise hatte schon Aldous Huxley 1932 in *Brave New World* den britischen Kolonialhafen zum Zentrum der Massen-Klonung von Menschen auserkoren.)

Der konfuzianisch geprägte Rechtsstaat mit seinen zuweilen skurrilen Kampagnen (ein Hauch von „Großer Bruder“) entmündigt zwar seine Bürger, sorgt aber mit seiner unerbittlichen Regulierung des öffentlichen und sogar privaten Lebens für ein stabiles, fast sozialistisch angehauchtes Gemeinwesen. Die vor einem halben Jahrhundert noch bitter armen Bürger danken dem Patriarchen diese Fürsorge mit einem Ein-Parteien-Parlament, in welchem als Alibi zwei Oppositionsabgeordnete sitzen. Premierminister Lee junior bekennt sich stolz zum Disziplinierungsstaat – Demonstrationen von mehr als fünf Personen sind verboten – mit sehr selbstbewussten Argumenten, wie sie auch jeder Politiker in Beijing formulieren würde: „Bitte keine Belehrungen in Sachen Demokratie. Wer sagt denn, dass erfolgreiche Marktwirtschaft nur unter westlicher Demokratie gedeihen kann? Wir sind keine westliche Gesellschaft und wollen es auch nicht werden. Wir wollen besser werden.“ Dieses Singapur ist der Triumph des neuen, alten Konfuzianismus.

# H) Bangalore: Call-Center der Welt

Die Straße vom Flughafen der südindischen Metropole zum Firmensitz ist miserabel. In Indien versagt der Staat an allen Ecken und Enden. Umso tüchtiger sind Privatleute, besonders wenn sie der neuen Generation angehören. Hinter der Einfahrt zur Firma „Infosys" eröffnet sich eine andere Welt, als wäre sie gar nicht Indien, sondern ein Universitätscampus irgendwo in den USA. „Infosys" ist eine der neuen indischen High-Tech-Riesen, die in der ganzen Welt Furore machen, gegründet 1981 von sieben Studenten, die sich in den Kopf gesetzt hatten, dem kalifornischen Silicon Valley Konkurrenz zu machen. Inzwischen ist ganz Bangalore ein indisches Silicon Valley und gilt als der am schnellsten wachsende High-Tech-Markt der Welt. Neue Betriebe schießen wie Pilze aus dem Boden und holen sich Millionenaufträge aus Europa und den USA. Das Talent der Inder für die digitale Welt wird mit der uralten, komplexen Vielgötter-Welt begründet, die das Erkennen abstrakter Zusammenhänge förderte. Schließlich stammt unser Zahlensystem aus Indien.

Bangalore ist zum Call-Center der Welt geworden. In den Kommunikationszentralen geht es zu wie im Kommandostand von Cap Canaveral. Kompanien von Computer-Personal, aber auch Automaten bedienen in diesem Call-Center und denen anderer Firmen vielsprachig Anrufer aus allen Weltgegenden, die in der Regel gar nicht wissen, dass sie mit Indien verbunden sind. Indien kann die Geschäfts- und Bürozeiten der drei Zeitzonen Japan – USA – Europa nacheinander bedienen. Das spart zusätzlich Ausgaben. Diese indische Computer-Welt ist das neue digitale Reich, in dem die Sonne nicht untergeht. Bei „Infosys" inmitten eines Waldes riesiger Satellitenschüsseln werden die von der

Firma in der ganzen Welt installierten Computersysteme rund um die Uhr an Terminals kontrolliert und bedient; darunter auch Direkt-Banken in Deutschland und Österreich, wie an einem der wandgroßen elektronischen Bildschirme zu erkennen ist. Indien hat die Welt in der Hand …

„Als ich vor 24 Jahren in Indien meinen Hochschulabschluss gemacht hatte, war es das Ziel von uns allen Studenten, einen Job im Ausland zu ergattern", erzählt der Sprecher von „Infosys". „Heute erhalten wir im Jahr 10.000 Bewerbungen auch von auswärts, China, Frankreich, Deutschland. Sie wollen dorthin, wo die besten Zukunftschancen sind." Die Deutsch-Indische Handelskammer in Bangalore bestätigt: „Ja, es ist ein Phänomen. Immer mehr Europäer nehmen ein Jobangebot in Indien an. 30.000 sind es schon", darunter seit Neuestem auch Piloten der österreichischen Fluggesellschaft AUA.

# IX. Ein Blick in die Zukunft

# Ein Blick in die Zukunft

Weltgrößtes Pulverfass oder Stabilitätsanker der Welt? Asien, China sowie das Dreieck China – Japan – USA liefern Zukunftsexperten Material für abenteuerliche Spekulationen. Die folgenden Zukunfts-Szenarien orientieren sich an den Ausführungen von Karl Pilny in seinem Buch *Das Asiatische Jahrhundert.*

Vier Varianten über China:

- Die *negative* Variante: Chinas KP erweist sich trotz aller pragmatischer Anpassungsleistungen letztlich doch als reformunwillig und reformunfähig. Die innere Krise, die sich unter anderem im Werteverfall, in weit verbreiteter Korruption und dem Zerbröckeln der zentralen Staatsmacht ausdrückt, wird durch massive Landflucht noch angeheizt. Hunderte Millionen entwurzelter Bauern, für die in den nächsten Jahrzehnten keine Arbeitsplätze geschaffen werden können, verursachen Aufruhr wie in früheren Jahrhunderten. Chinas Führung leitet daher schon jetzt Gegenmaßnahmen ein – nicht durch Liberalisierung, sondern durch noch mehr Anziehen der Zügel.
- Die *„milde"* Variante: Chinas Großmachtträume lassen sich doch nicht so rasch verwirklichen. Der wirtschaftliche Aufstieg benötigt einen längeren Zeitraum, und China braucht deshalb ein freundlich gesinntes internationales Umfeld.
- Die *apokalyptische* Variante geht von der Unvermeidbarkeit eines Konflikts Chinas mit den USA aus, wenn Chinas Führung zur Absicherung ihrer Macht auf die nationalistische Karte setzt und andererseits die USA gegenüber Asien in die wirtschaftliche und politische Defensive geraten. Wie würden die USA auf eine Besetzung Taiwans durch China reagieren? Auf

einen Zusammenstoß zur See zwischen China und Japan wegen Erdölbohrungen in umstrittenen Gewässern? Wie würde China reagieren, wenn die USA einen militärischen Präventivschlag gegen das unberechenbare Nordkorea führen?
- Die *positive* Variante: Chinas Führung lässt, durch wirtschaftliche Stärke selbstsicher geworden, Demokratie gewähren. Das inkludiert eine demokratische, gewaltfreie Lösung und Aufarbeitung der Probleme der „Drei T“: Taiwan, Tibet, Tiananmen.

Drei Varianten über Japan:
- Hinwendung zu China durch einen Tausch-Kompromiss: Japan akzeptiert die politische wie militärische Dominanz des Rivalen, und China anerkennt den wirtschaftlichen Vorrang Japans.
- Hinwendung zu den USA: Wiederbelebung und Intensivierung des Sicherheitsbündnisses mit Amerika zur Eindämmung Chinas.
- Aufrüstung Japans, um die Interessen gegen China zu verteidigen beziehungsweise durchzusetzen. Folge: Wettrüsten China – Japan.

Sowohl China als auch Japan gehen von einem schwindenden amerikanischen Einfluss in Asien aus. Daraus entwickelt sich unausweichlich die Frage, wer die Führungsrolle in Asien erbt. Die Akzeptanz in der japanischen Bevölkerung, sich einer chinesischen Hegemonie unterzuordnen, darf als gering bezeichnet werden. „Nicht zuletzt aufgrund der kulturellen und geografischen Nähe sind Japan und China eng aneinander gebunden“, schreibt Karl Pilny. „Wenn sie ihre Stärke zusammenlegten, könnten sie Ostasien und die Welt auf eine friedliche Weise dominieren. Wenn es den beiden Ländern aber nicht gelingt, die Vergangenheit aufzuarbeiten und hinter sich zu lassen, werden die Toten der Vergangenheit immer wieder und im unpassenden Augenblick auferstehen. Ähnlich wie bei einem Go- (oder Shanxi-)Spiel, in dem mithilfe von Steinen versucht wird, ein Territorium abzugrenzen und den Gegner zu umzingeln, werden schon jetzt die Interessen positioniert."

Seit der Tsunami-Katastrophe im Indischen Ozean sei jedoch Polit-Strategen angeraten, bei ihren Zukunftsszenarien auch die Kräfte der Natur nicht außer Acht zu lassen. Eine Natur- oder Umweltkatastrophe kann als Schicksalsschlag alle Berechnungen ziemlich plötzlich zu wertlosem Papier machen.

# X. Die Globalisierungswalze

# Die Globalisierungswalze

Vor dem Hintergrund der Globalisierung und ihrer revolutionären Kraft stellt sich die Frage nach der zukünftigen Gesellschaft auf dramatische Weise neu, ohne dass die gegenwärtige Generation darauf intellektuell und politisch angemessen vorbereitet ist. Wie wird die digital verknüpfte Weltzivilisation aussehen? Man spürt, dass die Globalisierung in ihren sozialen und psychologischen Folgen und Nebenwirkungen ähnlich umwälzende Konsequenzen haben wird wie die soziale Frage im Zeitalter der Industrialisierung im 19. Jahrhundert. Epochenwenden schüren Ängste und Angstaggressionen. Sind Demokratie und Sozialstaat überhaupt noch mit der beschleunigten Globalisierung vereinbar? Was muss getan werden, um Arbeit für möglichst viele zu organisieren? Welcher Begriff der Arbeit ist in Zukunft überhaupt relevant? Welche Auswirkungen hat dies auf das Geflecht der seit hunderten von Jahren gewachsenen gesellschaftlichen Institutionen, auf Kirche, Gewerkschaften, Familie, Wirtschaft, kurz: auf alles, was den Kitt der Gesellschaft im Wesentlichen definiert?

Diesen Appell zum Umdenken richtete das „Centrum für angewandte Politikforschung" der „Aventis Foundation" in dem Report *Ordnungsprinzipien des 21. Jahrhunderts* an die Öffentlichkeit: „Die Globalisierung hat bereits heute wichtige Parameter der Demokratie verändert. Politik verliert ihre Fähigkeit zur Beeinflussung der Ereignisse, wenn ihre Lösungen nicht mit der Internationalisierung der Problemstrukturen Schritt halten. Internationalisierung wiederum zehrt die demokratische Substanz der Nationalstaaten auf, wenn es nicht gelingt, die verlorenen Gestaltungsfähigkeiten der Staaten auf einer anderen Ebene wieder in einen demokratischen Rahmen einzuordnen. Bildung und Erziehung müssen zum essenziellen Instrument der Zukunftsgesellschaft werden."

# A) Gute Nacht, Europa?

*„Asiatische Werte sind international, europäische Werte sind europäisch."*

Mahathir bin Mohammad,
Premierminister von Malaysia

Die provokante Aussage des malaysischen „strong man" beim „Asiatisch-Europäischen Gipfelgespräch" 1996 in Bangkok war der bisherige Höhepunkt des neuen asiatischen Selbstbewusstseins. Bedeutet der Aufstieg Asiens durch die Globalisierung für die USA das Ende des „Amerikanischen Traumes", so bedeutet er für Europa die Marginalisierung. „In den letzten Jahren war selbst das geringe Wachstum in Westeuropa nicht auf eine Entwicklung vom Inneren heraus zurückzuführen", schreibt Karl Pilny in *Das Asiatische Jahrhundert,* „es hing vielmehr von Exporten in den Boomregionen ab, und da steht Asien tatsächlich an erster Stelle. Allein das Wachstum Chinas war 2004 für ein Drittel des globalen Wachstums verantwortlich. Insofern hängt Europa bereits jetzt wirtschaftlich stark von der Entwicklung in Asien ab. Am Ende des 21. Jahrhunderts dürfte Europa in der Tat nur noch als Wurmfortsatz Asiens existieren. Dafür spricht vieles. Es ist gut möglich, dass Europa dann zu einem nachindustriellen Disneyland herabsinkt, in welches die wohlhabenden Asiaten kommen, um sich zu bilden, Kultur und Erholung zu genießen."

Starke Worte, aber nicht viel anders, nur diplomatisch formuliert, sah es der britische Europa-Minister Douglas Alexander in einem Vortrag im Europäischen Universitätsinstitut in Florenz im September 2005: „Die Globalisierung bringt viele der alten Gewohnheiten ins Wanken, die den wirtschaftlichen Erfolg Europas begründet haben … Heute, wo sich der Welthandel mit Gütern alle zehn Jahre verdoppelt, geben nicht nur europäische, sondern globale Kapitalströme den Ton an. Chinas Handel verdoppelt sich alle drei Jahre, während Indien einen ähnlich dramatischen Anstieg im Handel mit Dienstleistungen verzeichnen kann. China und Indien konkurrieren mit uns aber nicht nur am Ende der Wertschöpfungskette. Die vielen Millionen Hochschulabgänger, die chinesische und indische Universitäten jährlich hervorbringen, konkurrieren mit uns mehr und mehr bei High-Tech-Gütern am oberen Ende der Wertschöpfungskette … Die Gefahr ist, offen gesagt, dass Asien schneller lernt, als wir uns anpassen. Europa muss sich anstrengen und seine Anstrengungen bündeln."

In Europa muss die traditionelle Mittelklasse – die tragende Säule unserer Gesellschaft und das Lebenselixier einer modernen Marktwirtschaft – den Gürtel enger schnallen. In China, Indien und anderen Teilen des asiatischen Kontinents entsteht gerade eine. Für uns stellt sich die Frage: Was haben wir versäumt? Was können wir tun? Unsere Karten sind nicht die besten, und vielleicht können wir ohnehin nur noch alle Hebel in Bewegung setzen, um eine harte Landung Europas abzuschwächen beziehungsweise zu verhindern.

Die Ursachen:

- Da wäre zuerst einmal die Erinnerung an die erste Globalisierung: Die Entdeckung Amerikas und der Neuen Welt. Gewinner war damals Europa, und Verlierer waren die entdeckten Völker. So ist eben der Schicksalslauf der Welt. Er ist ein Pendel, das auch in die andere Richtung ausschlägt. Imperien und Kulturkreise haben ihren Aufstieg und Niedergang.
- Zweitens: Die Rahmenbedingungen der zweiten Globalisierung sind für Asien wie maßgeschneidert. So ist das asiatische Wirtschaftswunder ein Exportwunder, um den Konsumhunger

der westlichen Welt zu stillen. Das Exportwunder war nur möglich, weil sich unsere Gesellschaft der Freihandelsideologie verschrieben hat. Wir haben asiatischen Importen Tür und Tor geöffnet. Der Konsument dankt es – bis er den Job verliert. Wir löffeln die Suppe aus, die wir uns eingebrockt haben.

Sollten wir daher unsere Märkte dicht machen? Erstens ist es dazu ohnehin zu spät, und zweitens kann man geschlossene Märkte auch aufbrechen. Siehe das Vorgehen der westlichen Mächte im 19. Jahrhundert gegenüber Japan und China.

Globalisierung ist wertneutral. Verhindern oder gar rückgängig machen kann man sie nicht. Auf alle Fälle hätte man sich aber rechtzeitig auf sie einstellen können. Die Globalisierung ist nicht nur eine Herausforderung, sie ist auch eine Chance. Im globalen Maßstab belebt das chinesische Wirtschaftswunder die Weltwirtschaft. China ist heute die Lokomotive der Weltkonjunktur, die sonst in Stagnation läge. Die andere Seite der Medaille: China huldigt einem Brachialkapitalismus, den wir für überwunden glaubten.

Europa würgt an der Reformträgheit alt und müde gewordener Gesellschaften (Stichwort: „wohlerworbene Rechte"). Unserem Kontinent geht langsam die Luft aus. Er kommt mit dem Tempo nicht mehr mit. Wird es gelingen, die Menschen bei uns zu überzeugen, dass ihnen bei Asiens Tempo die Zukunft davonläuft? Die notwendige Reformbereitschaft der Europäer ist gar nichts im Vergleich zu den Kraftanstrengungen, die in Asien für die Modernisierung nötig waren. Das asiatische Wirtschaftswunder ruht auf der Überzeugungs- und Durchsetzungskraft von Politikern, die man gemeinhin als „starke Männer" bezeichnet: Singapurs Lee Kuan Yew, Chinas Deng Xiaoping, Malaysias Dr. Mahathir und Thailands Thaksin – einem Thai-Chinesen. Luxemburgs Ministerpräsident Juncker nannte zum Antritt seines EU-Vorsitzes das Dilemma unserer Politiker: „Wir alle wissen, was zu tun wäre, aber wir wissen nicht, wie wir danach noch Wahlen gewinnen könnten."

Ist der westliche Wohlfahrtsstaat notgedrungen vom Siegeszug auf dem Rückzug? Bei dem Weltwirtschaftsforum 2004 in Davos stand erstmals China auf der Tagesordnung. Wirtschaftskapitäne, die so genannten „Global Players“, sprachen über ihre Erfahrungen und versuchten, der Ratlosigkeit zu begegnen. Hier eine Auswahl der Statements:

Johann Schneider-Amann, Chef des gleichnamigen Bauriesen, dessen in China gefertigte Maschinen unter anderem Chinas Autobahnen aus dem Boden stampfen: „Die Löhne sind dort ein Dreißigstel. Dennoch bin ich überzeugt, dass Schlüsselsektoren wie Forschung, Engineering, Kreativcenters bei uns bleiben.“

Daniel Vasella, Chef des Pharmariesen Novartis: „Entindustrialisierung wegen der asiatischen Herausforderung? Eine Industrie kann sich auch neu erfinden. Ich erinnere nur, wie sich die Schweizer Uhrenindustrie unter dem Druck der japanischen Digitaluhren neu erfunden hat.“

Josef Ackermann, Chef der Deutschen Bank: „Eine lineare Fortschreibung von Erfolgskurven führt in die Irre. Auch Japan hatte man vorausgesagt, dass es die USA überholen würde. Dann kam die Stagnation. China steht vor Problemen und Herausforderungen, die nicht leicht zu lösen sind.“

Wolfgang Mairhuber, Chef von Lufthansa: „Wenn die Chinesen in drei Jahren einen Flughafen aus dem Boden stampfen, und das bei uns 10 bis 15 Jahre dauert, haben wir es mit einem Bürokratie-Problem zu tun.“

Der Eintritt von Millionen Arbeitskräften in Asien in den Produktionsprozess der Weltwirtschaft hat das Verhandlungsgewicht von Gewerkschaften in den alten Industriestaaten beträchtlich verringert. Der Anteil von Löhnen und Gehältern im Verhältnis zum Nationaleinkommen fiel auf den tiefsten Stand seit Jahrzehnten. Das Turbo-Kapital gewinnt. Der Anteil der Profite am Nationaleinkommen in der „alten“ Welt erreichte den höchsten Stand seit 75 Jahren.

In diesem grenzenlosen globalen Arbeitsmarkt verliert zusehends die Politik ihre Gestaltungsmacht durch die so genannten „Sachzwänge“. Demokratie wird zur Kulisse, hinter der ein anderes Stück abläuft. Die Globalisierung macht nationale oder regionale Außenpolitik zur Weltinnenpolitik: Asien empfängt Arbeitsplätze aus Europa, Afrika schickt Arbeitssuchende nach Europa, Südamerika wird zum Rohstoff- und Agrarlieferanten Chinas.

Hilflos schauen unsere Nationalstaaten den „Global Players“ zu, wie sie auswandern. (Laut dem Schriftsteller Jiří Gruša ist dem Nationalstaat nur noch die Funktion eines „Swimming- Pools der Gefühle“ übrig geblieben.) Der Umsatz mancher internationaler Konzerne ist so groß wie das Bruttosozialprodukt Österreichs. Die 20 größten der 50.000 transnationalen Unternehmen der Welt setzen mehr um, als die 80 ärmsten Staaten insgesamt erwirtschaften. Staaten sind erpressbar geworden für eine soziale Anpassungspolitik nach unten. Denn noch in diesem Jahrhundert werden 20 Prozent aller arbeitsfähigen Menschen auf der Welt ausreichen, um die Weltwirtschaft in Schwung zu halten, prophezeien Globalisierungsexperten wie Hans-Peter Martin.

Auf dem Spiel steht die demokratische Ordnung in der „alten“ Welt, wenn die Verzichts-Spirale in den sozialen Abwehrkampf mündet. Experten übertreffen sich in düsteren Nachrichten von der Globalisierungsfront. Siemens-Veteran Heinrich von Pierer: „Der Wettbewerb ist zum Sturm geworden, und der richtige Orkan steht uns noch bevor.“ Zukunftsforscher John Naisbitt: „Der Massenwohlstand war nicht mehr als ein Wimpernzucken in der Geschichte der Ökonomie.“ In den USA ist die Einkommensdifferenz zwischen Arbeitern und Top-Managern von 1 zu 40 auf 1 zu 400 gestiegen. Das wird demokratiepolitisch zum Problem, wenn auch die Chancengleichheit nicht mehr gewährleistet ist.

Der 81-jährige Staatsgründer von Singapur und Globalisierungs-Patriarch Lee Kuan-Yew schenkt uns im *Spiegel*-Interview Juli 2005 reinen Wein ein: „Die gemütliche Welt in Europa, die

Sie sich nach dem Zweiten Weltkrieg geschaffen haben, ist zu Ende – ob Sie es wollen oder nicht. Dieses System zerbrach in dem Augenblick, wo sich über zwei Milliarden Menschen dem Wettbewerb anschlossen – eine Milliarde in China und eine Milliarde in Indien. Das Rezept für Europa: Nur noch eine Woche Urlaub, härtere und längere Arbeit für den gleichen Lohn, neue Technologien, mehr Geld für Forschung und Entwicklung, um den Vorsprung vor China und Indien zu bewahren." Der strenge Konfuzianer kennt keine Sentimentalitäten: Wer über seine Verhältnisse lebt, muss die Zeche bezahlen. Meinhard Miegel (*Epochenwende*) legt den Finger auf die Wunde: „Genügsamkeit, Bescheidenheit, Zurückhaltung und Selbstbeschränkung: Auf diesem Feld hat der Westen keine Erfahrung mehr. Die Disziplinen, die hier gefragt sind, hat er seit Generationen nicht mehr geübt. Das macht ihn hilflos."

## B) Ist Ihr Job in Gefahr?

*„Globalisierung heißt: Das Kapital erfährt in Sekundenschnelle, wo es am profitabelsten andocken kann. Dorthin eilt es dann.“*

Meinhard Miegel in *Epochenwende*

Eine Hiobsbotschaft jagt die andere. „Die unfrohe Botschaft für die Völker des Westens lautet: Ihr ward einmal etwas Besonderes. Ihr seid es nicht mehr. Was Ihr könnt, das können Hunderte von Millionen auf der ganzen Welt. Diese Feststellung trifft uneingeschränkt auf alle zu, die in den westlichen Ländern unterdurchschnittlich oder allenfalls durchschnittlich qualifiziert sind“, schreibt Meinhard Miegel in *Epochenwende.* Bis 2015 könnten Europa 1,2 Millionen und die USA 1,6 Millionen qualifizierte Arbeitsplätze an Niedriglohnländer verlieren.

Globalisierung erschüttert die wirtschaftlichen Strukturen der „alten“ Welt wie ein Erdbeben. Jeder muss sich fragen: Ist mein Job in Gefahr? Welche Jobs bleiben für unsere Kinder übrig? Die globale Lohnkostenskala aus dem chinesischen statistischen Jahrbuch 2002 spricht für sich; gemessen pro Stunde in US-Dollar für die gleiche Arbeitsleistung: USA und Westeuropa 21; Japan 19; Südkorea 9; Singapur 7; Taiwan 5; (Tschechien 3,7); Brasilien 2,5; Mexiko 2,4; China 0,7! Ein chinesischer Ingenieur verdiente 2002 zwar um 16 Prozent mehr als 2001, aber mit 8.000 Dollar im Jahr noch immer achtmal weniger als der US-Durchschnitt. Der Harvard-Ökonom Richard Freeman: „Bisher galt die alte Regel: ‚low costs – low tech‘. Das Besondere an China ist, dass es plötzlich ein riesiges Land gibt, das sowohl mit niedrigen Löhnen als auch im High-Tech-Bereich konkurrieren kann.“

Wer bei uns kann diesem Globalisierungsdruck widerstehen?

Professor Oded Shenkar evaluiert in *Das chinesische Jahrhundert* die Job-Risiken: Im Produktionssektor ist die Gefahr bei 50 zu 50. Deutlich besser liegen die Chancen bei Jobs, die einen persönlichen Kontakt mit Kunden oder ein soziales Netzwerk erfordern. Beispiele: Feuerwehrmann, Kellner, Rechtsanwalt. Immigranten können aber als Job-Konkurrenten auftreten. Jobs in den Bereichen von Transport und grenzüberschreitenden Dienstleistungen profitieren vom wachsenden Volumen des Welthandels, ebenso die Fremdenverkehrsbranche vom schnell wachsenden chinesischen Auslandstourismus, der Japan schon überholt hat. Laut Welttourismusorganisation könnten es im Jahre 2020 100 Millionen Chinesen sein. (In der so genannten „Goldenen (Urlaubs-) Woche" rund um den 1. Oktober 2005 verzeichnete die chinesische Statistik 326 Millionen Binnen-Reisen, Einkäufe im Wert von umgerechnet 33 Milliarden Dollar – Jahresplus: 14 Prozent – und Einnahmen der Tourismusbranche von 6 Milliarden Dollar – Jahresplus: 8 Prozent). Und zu guter (schlechter?) Letzt: Die aufstrebenden asiatischen Volkswirtschaften brauchen qualifizierte Gastarbeiter aus der „alten" Welt.

Henry Paulson, Chef des Bankhauses „Goldman Sachs", fordert trotz unvermeidbarer Jobverluste einen rationalen Umgang mit der Globalisierung: Die Geschichte habe gezeigt, zu welchen negativen politischen Folgen eine Abschottung und Abkapselung, wie jene durch die Weltwirtschaftskrise der Dreißigerjahre, führt. Wenn China und Indien nicht wüchsen, gäbe es bei uns noch viel größere Probleme. Gefordert sei nun ein Begleitprozess, um die Härten der Arbeitsmarktumstrukturierung zu mildern, damit der freie Welthandel nicht die politische Unterstützung der Menschen verliere.

# C) Was tun?

*„Wir treten gegen Mitbewerber aus Ländern ohne jegliche demokratische, soziale und Umweltstandards an. Auf ein so ungleiches Spiel würde man sich im Sport nie einlassen."*

Wilfried Stadler, Vorstandsvorsitzender der Investkredit Bank AG, Wien

Wie können wir mit China fertig werden? Wie sollen wir mit der multikulturellen Globalisierung umgehen? Können wir überhaupt etwas dagegen tun? Der Banker Wilfried Stadler im Wirtschaftsmagazin *Gewinn*: „Wenn wir wollen, dass die Globalisierung – die ich für grundsätzlich vorteilhaft halte – gelingt, so werden wir faire Spielregeln dafür finden müssen. Jetzt ist die Situation wie bei einem Fußballspiel, bei dem sich die eine Mannschaft an die Grundregeln hält, die andere aber das Recht bekommt, Fouls zu begehen."

Ausweg Nummer eins: Wissens- und Innovationsvorsprung halten. Der österreichische Bundespräsident Heinz Fischer auf dem Heimflug vom Staatsbesuch in Indien: „Niemand kann sich heute mehr abschotten. Europa hat in diesem harten Wettbewerb Chancen durch politische Stabilität und hoch qualifizierte Arbeitskräfte. Aber man darf nicht glauben, dass eine erfolgreiche Vergangenheit ausreicht. Permanente Anstrengungen und ein innovatives Bildungssystem sind gefordert." Der österreichische Bundeskanzler Wolfgang Schüssel auf dem Heimflug vom offiziellen Besuch in China: „Wir müssen unsere Kernkompetenzen sichern und ausbauen; dort, wo wir voran sind – Finanzdienstleistung, Marktnischen – und auf unsere Innovativkraft setzen. Dazu bedarf es Bildung, Ausbildung, Forschung. Wichtig ist, dass wir uns nicht zu

Tode fürchten, sondern mitspielen. Und dass wir keinem Trend nachlaufen, den wir ohnehin nicht aufhalten können, sondern Trends überspringen und schauen, wo wir Pionier sein können; zum Beispiel Nanotechnik. Und schließlich müssen wir auf Transparenz, Fairness und gleiche Bedingungen bei der Globalisierung drängen; zum Beispiel bei den Patentrechten und dem Schutz von geistigem Eigentum." Dazu der Autor des Buches *The Chinese Century,* Prof. Shenkar: Er meint, dass über 10 Prozent von Chinas GDP aus Produktenpiraterie erwirtschaftet werden.

Wirtschaftsstrategische Flexibilität ist gefordert, aber besonnene Wirtschaftsstrategen Europas sind sich darin einig, dass Lohndumping kein wirklich zielführendes Herangehen an unsere Globalisierungsprobleme darstellt. Dazu Jürgen Hambrecht, der Chef des deutschen Chemie-Riesen BASF: „Wir müssen ebenso viel besser werden, wie wir teurer sind." Und Porsche-Chef Wendelin Wiedeking: „Lohnkosten allein sind nicht das Problem, sondern Bürokratie, Überregulierung und zu wenig Investitionen in Bildung und Forschung. Vorsicht vor der Lohnspirale nach unten. Denn wo sollen da noch die Konsumenten herkommen, die europäische Produkte kaufen können."

Ausweg Nummer zwei: Renaissance des Protektionismus, weil China und andere den Bogen überspannen. Dazu kursiert in der Österreichischen Volkspartei das Strategiepapier eines Politikers, der nicht genannt sein will. Daraus Auszüge:

- „Es gilt endlich einzusehen, dass ein fairer Wettbewerb unter den gegebenen Bedingungen nicht möglich ist. Sozial- und Umweltdumping sowie die Möglichkeit, die mit Billiglöhnen erzeugten Produkte durch Steuerbegünstigung in Übersee und Umleitung über so genannte Steueroasen weitgehend unbesteuert auf den europäischen Markt zu bringen, zwingen immer mehr Unternehmen, ebenfalls ihre Produktion, zumindest teilweise, nach Übersee zu verlagern. Diese Entwicklung hat bereits bis hin zur Verlagerung hoch qualifizierter Forschungslabors und Computer-Dienste geführt, vor allem nach Indien."

- „Der Industrieboom in China ohne begleitenden Umweltschutz führt schon zu massiven Luftverschmutzungen in anderen Ländern bis hin nach Europa. Es kann nicht geduldet werden, dass die Industrie in Europa sich den vernünftigerweise vorgeschriebenen hohen Umweltschutzauflagen stellen muss, die Produktionsstätten in Übersee für den Export nach Europa aber nicht."

- „Der derzeit stattfindende unlautere Wettbewerb würde innerhalb der EU durch die Wettbewerbsbehörde längst mit hohen Strafen sanktioniert werden, was international durch die von der EU mit der WTO abgeschlossenen Verträge offenbar nicht möglich ist. Diese ungerechte, unsoziale und unsolidarische Politik wird durch Fortwursteln nicht besser, sondern nur durch Umkehr. Ohne rasches Handeln droht die Massenarbeitslosigkeit zu einem Demokratie-Problem zu werden."

- „Notwendige Maßnahmen zur Erhaltung der Arbeitsplätze in Europa: Erstens Antidumping-Zölle, zweitens Aufhebung des freien Kapitalverkehrs zwischen der EU und den so genannten Steueroasen vor allem auf exotischen Inseln, drittens Maßnahmen gegen spekulative Kapitalfonds, viertens drastische Erhöhung der Forschungsausgaben etwa durch die ‚Tobin Tax' auf Kapitaltransfers in die und aus der EU."

- „Wenn die Europäische Kommission und die nationalen Regierungen das Steuer nicht herumwerfen, ist zu befürchten, dass die unvermeidlichen Pleiten des Neoliberalismus mit ihren sozialen Auswirkungen zu einer ernsthaften Bedrohung der demokratischen Systeme in Europa werden, weil die Menschen den Regierungen keine Lösungskapazität mehr zutrauen. Daran könnte auch die EU, das größte Friedenswerk in der Geschichte unseres Kontinents, scheitern."

Jedenfalls geht für Europa ein goldenes Zeitalter zu Ende. Es beginnt ein eisernes. Europa muss sich neuer Tugenden besinnen, sonst zerbricht der gesellschaftliche Zusammenhalt. Die Zeit drängt.

*„Nicht die Armut gefährdet die Demokratie, sondern die Angst davor."*

Hans-Peter Martin/Harald Schumann:
*Die Globalisierungs-Falle*

# Danksagung

… an alle, die wissentlich oder unwissentlich zu diesem Buch beigetragen haben; in alphabetischer Reihenfolge: Oskar Andesner, Hannes Androsch, Hans Dichand, Alexander Egit, Fei Zuxi, Heinz Fischer, Martin Glatz, Fritz König, Christoph Leitl, Gerd Kaminski, Klaus Mayr, Gerhard Meschke, Birgit Murr, Richard Nessmerak, Wolfgang Penzias, Johannes Peterlik, Marianne Reis (†), Wolfgang Schüssel, Claudia Schwerer, Helmut Sohmen, Hannes Steiner.

# Zeittafel

21.–16. Jh. v. Chr.: Xian-Dynastie.
Beginn der chinesischen Zivilisation. Magnetkompass bekannt.

16.–11. Jh. v. Chr.: Shang-Dynastie.
Erste chinesische Schriftzeichen.

11.–221 v. Chr.: Zhou-Dynastie.
Chinesische Bronzen. Erziehungssystem.

um 500: Konfuzius.

um 300: Mencius.

221–207 v. Chr.: China als Kaiserreich vereint.
Erste Chinesische Mauer. Kaisergrab mit Terrakotta-Armee in Xian.

206 v. Chr. –220 n. Chr.: Han-Dynastie.
Handelsverbindungen mit dem Römischen Reich über die Seidenstraße. Papier bekannt.

581–618: Sui-Dynastie.
Beginn der Blütezeit Chinas.

618–907: Tang-Dynastie.
Chinas zivilisatorische Führung in der Welt. Wiederbelebung der Seidenstraße im Kontakt mit den Arabern. Schießpulver erfunden. Hauptstadt Chang-an (heute: Xiang) Metropole der Welt. Nestorianische Christen in China.

960–1279: Song-Dynastie.
Höhepunkt der konfuzianischen Kultur. Druck mit beweglichen Lettern. Chinas Pro-Kopf-Einkommen liegt über jenem Europas. Hauptstadt Hangzhou.

1271–1368: Yuan (Mongolen)-Dynastie.
Mongolenherrschaft sinisiert. Hauptstadt erstmals das heutige Beijing. Reisen des Marco Polo.

1368–1644: Ming-Dynastie.
Chinesische Klassik, aber (noch unmerklicher) Anfang des Abstiegs. Bau der Verbotenen Stadt in Beijing.
Der Jesuit Matteo Ricci (1552–1610) als Mandarin am Kaiserhof. Sein Konzept, den Katholizismus der chinesischen Tradition anzupassen (wie einst der germanischen Tradition), wird vom Papst verworfen. Dieser historische Fehler verhinderte eine graduelle Anpassung Chinas an eine moderne Entwicklung.

1644–1911: Qing-Dynastie.
Größte territoriale Ausdehnung Chinas. Letztes Aufblühen, Erstarrung. Unter den beiden großen Kaisern Kang Xi (1661–1722) und Qianlong (1735–1795) letzte Entfaltung der Pracht und Herrlichkeit.

1793: Kaiser Qianlong lässt in der Sommerhauptstadt Chengde (Mandschurisch: Jehol) die britische Gesandtschaft unter Lord Macartney abblitzen: „Wir haben nicht den geringsten Bedarf an den Waren deines Landes … Du, König, solltest einfach in Übereinstimmung mit unseren Wünschen handeln, deine Loyalität stärken und ewigen Gehorsam schwören, um so sicherzustellen, dass dein Land an den Segnungen des Friedens teilhat."

1820: Beginn des Zeitalters der Demütigungen und der inneren Unruhen. Die „Ungleichen Verträge" werden wirksam.

1839–1842: Erster Opium-Krieg: Hongkong wird britisch.

1850–1864: Taiping-Revolution mit bis zu 20 Millionen Toten.

1856–1860: Zweiter Opium-Krieg. Mit dem Niederbrennen des alten Sommerpalastes bei Beijing durch französische und britische Truppen beweisen die Barbaren, dass sie Barbaren sind.

1861–1908: Regentschaft der Kaiserwitwe Cixi. China wird aufgeteilt „wie eine Melone“: Die Europäer holen sich Küstenstädte, Sonderrechte und Einflusssphären, Russland holt sich den Norden, Japan holt sich Taiwan.

1900: Boxeraufstand.

1911: Sun Yat-sen proklamiert die Republik. Hauptstadt Nanjing.

1916–1928: Periode der Kriegsherren (warlords).

1921: Gründung der Kommunistischen Partei.

1928: General Chiang Kai-shek übernimmt die alleinige Macht.

1928–1936: Mao Zedongs Rote Armee zieht sich im Langen Marsch nach Yan-an zurück.

1937–1945: Krieg Japans gegen China.

1946–1949: Bürgerkrieg in China.

1949: Mao proklamiert in Beijing die Volksrepublik. Präsident Chiang Kai-shek zieht sich auf Taiwan zurück mit dem Anspruch, von dort ganz China zu vertreten.

1958–1960: „Großer Sprung vorwärts“. Dörfer werden „Volkskommunen“ mit bis zu 30 Millionen Hungertoten.

1966–1969: „Große Proletarische Kulturrevolution“. Absturz ins blutige Chaos.

1976: Maos Tod, Verhaftung der „Viererbande“.

1978: Deng Xiaoping ergreift die Macht. Beginn der Reform- und Öffnungspolitik.

1989: „Tiananmen-Massaker“. Blutige Niederschlagung der Studentenunruhen.

1997: Rückkehr von Hongkong mit 50 Jahren Selbstverwaltung.

1999: Rückkehr von Macau. Ende der Epoche des europäischen Kolonialismus in Asien.

>>Der globale Klimawandel ist eine Bedrohung, dessen erste negative Auswirkungen auf Mensch und Natur bereits heute zu spüren sind<<

Helga Kromp-Kolb /
Herbert Formayer

**Schwarzbuch Klimawandel**

*Wie viel Zeit bleibt uns noch?*

224 Seiten
Broschiert mit Schutzumschlag

ISBN 3-902404-14-0

*Wie viel Zeit bleibt uns noch? Im Jahre 1896 hat der schwedische Wissenschafter Svante Arrhenius erstmals aufgezeigt, dass zunehmende Treibhausgasemissionen zu signifikanter Erwärmung führen. Aber erst 2004 ist es gelungen, mit der Unterzeichnung des Kyoto-Protokolls durch hinreichend viele Staaten ein völkerrechtlich verbindliches Instrument zur Reduktion der Treibhausgasemissionen zu schaffen. Aber die Zeit läuft uns davon … Es geht nicht nur um Klimaschutz, es geht um Selbstschutz!*

ecowin

>>Brüssel ist in verschiedenen Bereichen ganz einfach zu weit gegangen und hat sich in Dinge eingemischt, von denen es besser die Finger gelassen hätte<<

Franz Fischler / Christian Ortner

**Europa**
**Der Staat, den keiner will**

*Mit einem Vorwort von Jacques Santer*

216 Seiten
Gebunden mit Schutzumschlag

ISBN-13: 978-3-902404-27-5
ISBN-10: 3-902404-27-2

*Warum gelingt es der EU nicht endlich, die skandalös hohe Arbeitslosigkeit in Europa zu senken? Was hätte die Bevölkerung in Salzburg, Dresden oder Essen davon, wenn es einen europäischen Außenminister gäbe? Müssen eines Tages österreichische oder deutsche Soldaten auf Befehl von Brüssel in den Krieg ziehen? Was passiert, wenn in 15 Jahren die islamische Türkei das einwohnerstärkste Land der EU sein wird? Genau 100 Fragen wie diese beantwortet dieses Buch ehrlich, ungeschminkt und realistisch.*

ecowin